SUSTAINABLE ARCHITECTURE
CONTAINERS2

SUSTAINABLE ARCHITECTURE
CONTAINERS2

monsa

SUSTAINABLE ARCHITECTURE
CONTAINERS 2

Copyright © 2013 Instituto Monsa de Ediciones

Editor, concept and project director
Josep Maria Minguet

Project's selection. design and layout
Santi Triviño
Equipo editorial Monsa

© INSTITUTO MONSA DE EDICIONES, S.A.
Gravina 43 (08930)
Sant Adrià de Besòs
Barcelona
Tel (34) 93 381 00 50
Fax (34) 93 381 00 93
monsa@monsa.com
www.monsa.com

Visit our official online store!
www.monsashop.com

Follow us on facebook!
www.facebook.com/monsashop

ISBN 978-84-15829-31-7
DL-B 19418-2013

Printed by
CACHIMÁN GRAFIC

introduction

Living in a container is becoming something less original and increasingly necessary due to the lack of construction land. This kind of architecture encapsulates a complete life philosophy. It's essentially how to pay less for occupying the same space and make housing more accessible always respecting environmental criteria.

Containers are easy to transport and can be assembled on a single day in the most unexpected places. They belong to a branch of architecture called Prefab, are fully customizable and you can modify the space as needed. There are containers for everyone, arising with the idea of recycling the thousands of containers that have been abandoned at the docks throughout the world, since they have an expiration date with a restricted use of 12 years. Its size and characteristics are governed internationally to facilitate the handling and transport. They are mainly manufactured out of weathering steel, although there are also aluminum or plywood ones, both reinforced with fiberglass. They can be assembled in different ways because they are modular. For these reasons and for being ecological, recyclable and with a high insulation capacity, containers achieve a high level of comfort.

Vivir en un contenedor es cada vez algo menos original y, con la carencia de suelo edificable, cada vez más necesario. Esta forma de arquitectura encierra toda una filosofía de vida. Básicamente se trata de pagar menos por el mismo espacio de suelo y hacer la vivienda más accesible con criterios respetuosos con el medio ambiente.

Los contenedores son fáciles de transportar y se montan en un solo día en los sitios más insospechados. Pertenecen a una rama de la arquitectura llamada Prefab, son totalmente customizables y con un espacio modificable según las necesidades. Hay contenedores para todos los gustos, fruto de esta tendencia que surge con la idea de reciclar los miles de contenedores abandonados por todos los muelles del mundo, dado que tienen una fecha de caducidad, una célula de utilización estricta de 12 años.

Su dimensión y características están reguladas internacionalmente para poder facilitar su manipulación y transporte. Se fabrican principalmente de acero corten, aunque también los hay de aluminio o madera contrachapada, ambos reforzados con fibra de vidrio. Al ser modulares, se pueden ensamblar de maneras diferentes. Por todo ello

There are eight different types, being the most common and standardized the uncooled hermetic ones. Others include ventilation systems with temperature control, others are open in one or more of its sides, etc..

The measurements are 2 meters wide, with a height ranging from 2.4 to 2.9 meters and a length ranging from 2.5 to 16 meters.

Nowadays the most commonly used are those of 6 and 12 meters. When full-load you can build up structures up to 8 floors.

Here you will find a selection of the latest creations with 'cargo boxes' designed by architect studios worldwide, starting from a small room for guests, to a residential complex and even shelters, shops and apartment buildings. Given the success of building at such a low cost, many people opt for modular homes, whether in a big city like São Paulo or uninhabited places like Rocky Mountain National Park in Colorado.

pueden ensamblar de maneras diferentes. Por todo ello y por ser ecológicos, reciclables y de gran capacidad de aislamiento, alcanzan un alto nivel de confort.

Existen ocho tipos, siendo los más comunes y estandarizados los herméticos y sin refrigeración. Otros incorporan sistemas de ventilación con control de temperatura, otros están abiertos en alguna o varias de sus caras, etc.

Las medidas son de 2 metros y medio de ancho, una altura que oscila entre 2,4 y 2,9 mts y una longitud que también oscila entre 2,5 y 16 metros.

Los de uso más frecuente en la actualidad son los de 6 y 12 metros. Como estructura, se pueden apilar -estando llenos de carga- hasta 8 pisos.

Aquí mostramos una selección de las últimas creaciones con 'cajas de carga' de estudios de arquitectura a nivel mundial, desde una pequeña habitación para invitados, hasta un complejo residencial, pasando por refugios, locales comerciales y casas de apartamentos. Ante el éxito de edificar a tan bajo coste, son muchos los que optan por viviendas modulares, ya sea dentro de una gran urbe como São Paulo o en lugares más deshabitados como en el Parque Nacional de Rocky Mountain en Colorado.

index

Casa Liray - proyecto ARQtainer

Rubén Rivera Peede, architect / Julio Oyarzún Flores, engineer

Containers: 5
Location / Localización: Fundo Liray, Parcelación La Copa, Colina – Santiago, Chile
Photos © Ruben Rivera Peede
Text courtesy of Proyecto ARQtainer
www.arqtainer.cl

THE COMMISSIONED COMES FROM NECESSITY OF THE CLIENT IN HAVING A HOUSE QUICKLY, EARTHQUAKE RESISTANT AND LOW COST. ALL OF THIS, ADJUSTED INTO 115 M².

Containers are in many ways an ideal building material because they are strong, durable, stackable, cuttable, movable, modular, plentiful and relatively cheap. That is why we choose shipping container, their inherent strength, as availability and relatively low cost, allow us to fulfill with client expectations. They are designed to carry heavy loads and to be stacked in high columns. They are also designed to resist harsh environments. They are made to standard measurements and as such they provide modular elements that can be combined into larger structures. This simplifies design, planning and transport, which contribute to faster construction times.

Much of the execution of building work was made in construction workshop, and then was moved into final siting place. This reduces noise pollution and the impact of a building work in course.

EL ENCARGO SE GESTA POR LA NECESIDAD DEL CLIENTE DE CONSTRUIR UNA CASA RÁPIDAMENTE, RESISTENTE A TERREMOTOS Y DE BAJO COSTO, TODO AJUSTADO EN 115 M².

Se opta por los contenedores marítimos ya que estos inherentemente presentan todas estas características, por contar con una estructura fuerte, espacios modulares ya definidos y principalmente rapidez constructiva debido a que gran parte de su ejecución se desarrolló en taller, siendo trasladada con un buen porcentaje de avance al lugar de emplazamiento, aminorando la polución auditiva y el impacto que genera una obra en construcción.

La obra se ubicó en un terreno de 6775 m² y se emplazó en su extremo este para mantener distancia del camino de servicio y obtener vistas hacia la cordillera de los Andes, elevándose 55 cm sobre el nivel del terreno para otorgarle más altura y separarla de la tierra. El espacio inferior se aprovecha para las instalaciones.

The building work was located into an area of 6775 m² and was located in the far east in order to get views of the Andes Mountain, rising 55 cm above the ground to give more height and separate it from land. The lower space is used for the plumbing. The house is defined volumetrically by five containers. Two of them, of 40 feet, specially for private areas (bed-rooms), plus three containers of 20 feet contain public spaces (living room, kitchen) and service. The joint of these areas is defined by two annexed structures, an entrance hall and a service yard, providing continuity and volumetric space of the house. In order to respect the square meters required, the facade was setback being adjusted to the hallway in bedrooms area.

Taking advantage of the strong structure that offer the containers, on the living room and dining room area, was installed a terrace to take advantage of the distant views. At the first level, the pre-existing doors of containers were used to structure balconies.

Regarding to insulation issue, walls and ceiling were insulated from projected cellulose. This makes the wall acquires greater solidity and homogeneity, with an internal density of 45 to 60kg/m³. Consequently this means a higher thermal and acoustic insulation, thus eliminating the hollow sound. Projected Cellulose avoids thermal and acoustic bridges. Besides it avoids water vapor condensation and has extremely fireproof.

Volumétricamente esta definida por 5 contenedores; dos de 40 pies que espacialmente albergan las áreas privadas (dormitorios), mas tres de 20 pies que contienen los espacios públicos (living, comedor, cocina) y el de servicio, la articulación de estas áreas está conformada por dos espacios definidos por estructuras anexas, un hall de acceso y un patio de servicio, dándole continuidad espacial y volumétrica a la casa. A modo de respetar los metros cuadrados requeridos, en el área de dormitorios se retranquea la fachada ajustándola hacia el pasillo.

Aprovechando la fuerte estructura que ofrecen los contenedores, sobre la zona del living y comedor se instaló una terraza para aprovechar las vistas lejanas y en los extremos del primer nivel se usaron las puertas preexistentes para estructurar los balcones.

Respecto al tema de la aislación las paredes y el techo se aislaron con lana de celulosa proyectada, haciendo posible una mayor solidez y homogeneidad, con una densidad interna de 45 a 60 kg/m³, la cual presenta buenas características térmicas y acústicas de alta eficiencia, sumándole además termopaneles y ventilaciones cruzadas que controlan el calor en verano y evitan la condensación de vapor.

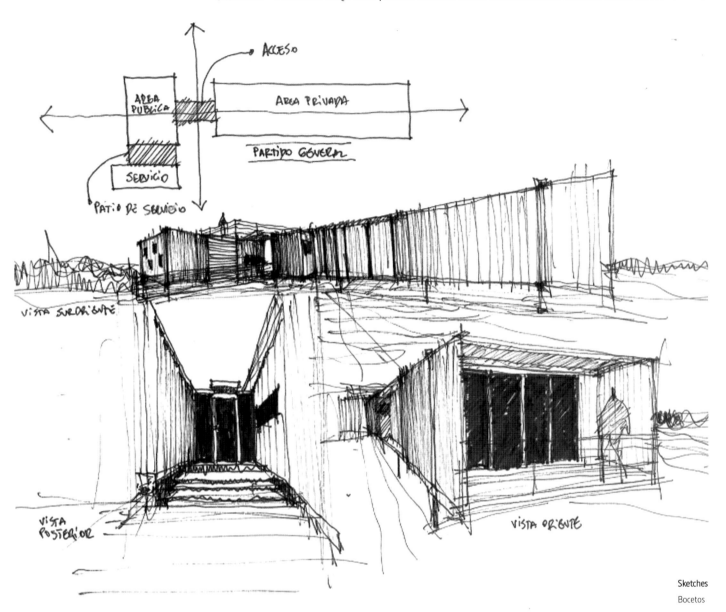

ACCESO

AREA PUBLICA

AREA PRIVADA

PARTIDO GENERAL

SERVICIO

PATIO DE SERVICIO

VISTA SURORIENTE

VISTA POSTERIOR

VISTA ORIENTE

Sketches
Bocetos

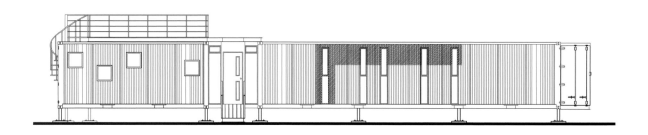

South and north elevations

Elevaciones sur y norte

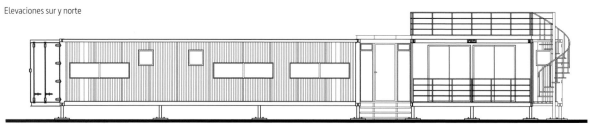

0   2   4   6

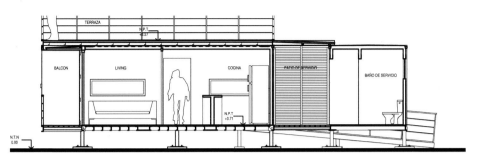

0   2   4   6

Sections B-B' and A-A'

Secciones B-B' y A-A'

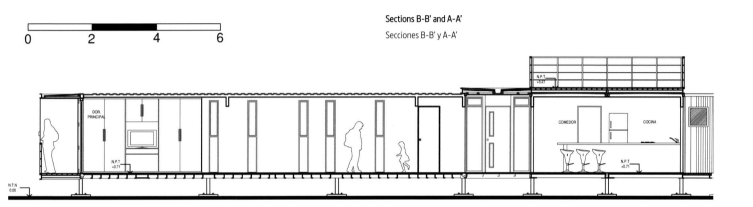

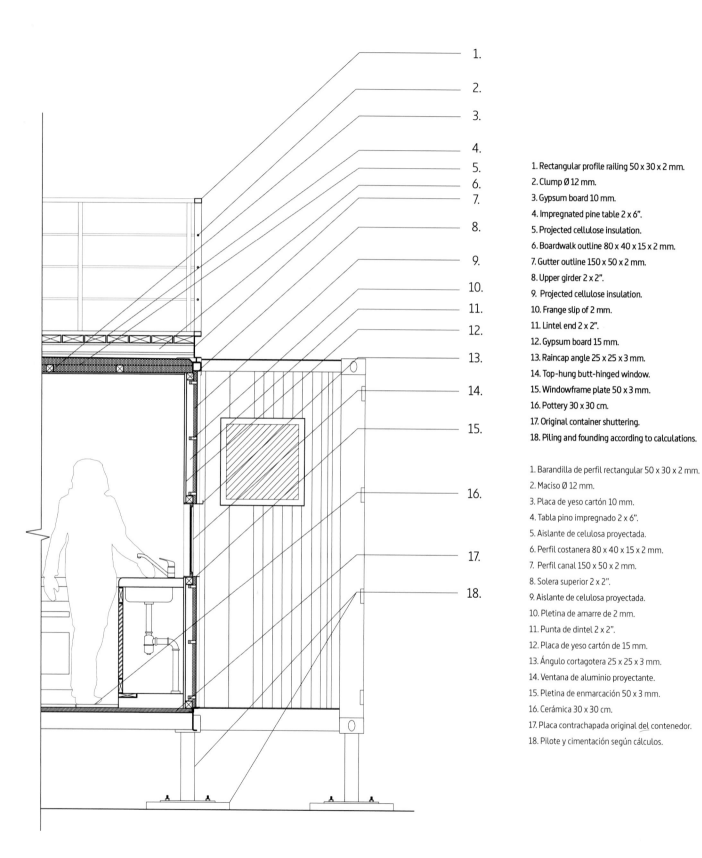

1. Rectangular profile railing 50 x 30 x 2 mm.

2. Clump Ø 12 mm.

3. Gypsum board 10 mm.

4. Impregnated pine table 2 x 6".

5. Projected cellulose insulation.

6. Boardwalk outline 80 x 40 x 15 x 2 mm.

7. Gutter outline 150 x 50 x 2 mm.

8. Upper girder 2 x 2".

9. Projected cellulose insulation.

10. Frange slip of 2 mm.

11. Lintel end 2 x 2".

12. Gypsum board 15 mm.

13. Raincap angle 25 x 25 x 3 mm.

14. Top-hung butt-hinged window.

15. Windowframe plate 50 x 3 mm.

16. Pottery 30 x 30 cm.

17. Original container shuttering.

18. Piling and founding according to calculations.

1. Barandilla de perfil rectangular 50 x 30 x 2 mm.

2. Maciso Ø 12 mm.

3. Placa de yeso cartón 10 mm.

4. Tabla pino impregnado 2 x 6".

5. Aislante de celulosa proyectada.

6. Perfil costanera 80 x 40 x 15 x 2 mm.

7. Perfil canal 150 x 50 x 2 mm.

8. Solera superior 2 x 2".

9. Aislante de celulosa proyectada.

10. Pletina de amarre de 2 mm.

11. Punta de dintel 2 x 2".

12. Placa de yeso cartón de 15 mm.

13. Ángulo cortagotera 25 x 25 x 3 mm.

14. Ventana de aluminio proyectante.

15. Pletina de enmarcación 50 x 3 mm.

16. Cerámica 30 x 30 cm.

17. Placa contrachapada original del contenedor.

18. Pilote y cimentación según cálculos.

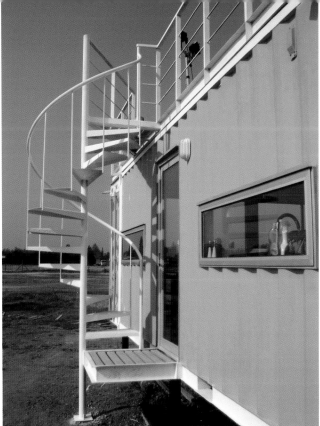

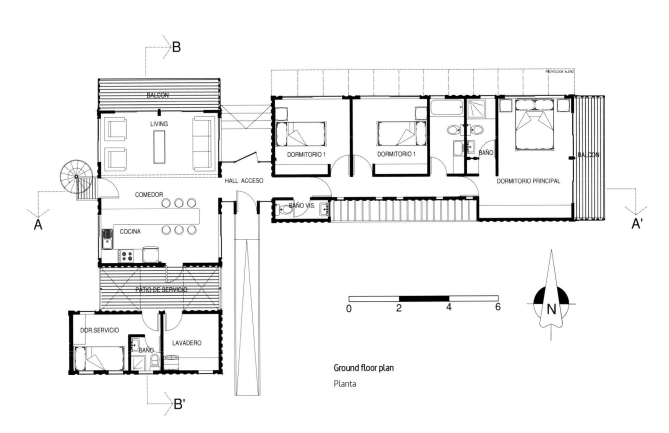

Ground floor plan

Planta

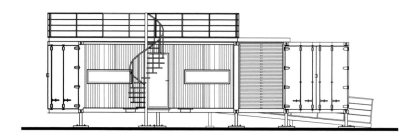

West and east elevations

Elevaciones oeste y este

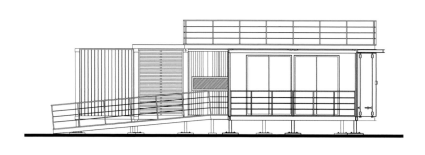

0   2   4   6

New Jerusalem Children's Home

4D AND ARCHITECTS

CONTAINERS: 28
LOCATION / LOCALIZACIÓN: PRESIDENT PARK, MIDRAND, SOUTH AFRICA
PHOTOS © DENIS GUICHARD
TEXT COURTESY OF 4D AND ARCHITECTS
WWW.4DA.CO.ZA

THE NEW CONTAINER HOUSE IN MIDRAND PROVIDES AN ALTERNATIVE TO TRADITIONAL BUILDING METHODS IN ITS TYPOLOGY AND SOCIAL RESPONSE.

It was designed in response to NJCH wanting a 'green' family type home to accommodate 24 of its 80 children, with communal living, eating homework areas and ablution facilities, 4 to 8 sleeper private bedrooms, two small private living areas for the house-mothers, and access to outside gardens and balconies.

The site which is just over 25 hectares is situated in President Park, Midrand. A site development plan for the whole site has been approved and a further two houses, a small chapel and an administrative building (all utilizing recycled shipping containers) will be constructed as funds become available.

The cruciform shaped double storey container home comprises of 28 recycled shipping containers which were positioned on site to allow the incorporation of an existing brick building, which was renovated to become the kitchen and dining area of the new home.

LA NUEVA CASA CONTENEDOR EN MIDRAND OFRECE UNA ALTERNATIVA A LOS MÉTODOS DE EDIFICACIÓN TRADICIONALES POR SU TIPOLOGÍA Y RESPUESTA SOCIAL.

Se diseñó para el centro de acogida infantil NJCH (New Jerusalem Children's Home). Querían una casa familiar «verde» para hospedar a 24 de sus 80 niños que dispusiera de una sala de estar común, zonas para comer y hacer los deberes e instalaciones para hacerse abluciones, habitaciones privadas para 4-8 personas, dos pequeñas salas de estar privadas para las supervisoras y accesos a los jardines y balcones.

El terreno, que cuenta con unas 25 hectáreas, está situado en el parque President Park de Midrand. Se ha aprobado una planificación urbana de todo el lugar y se construirán dos casas más: una pequeña capilla y un edificio administrativo (ambos utilizando contenedores reciclados) cuando haya fondos disponibles.

El edificio de contenedores de dos pisos y forma cruciforme está compuesto de 28 contenedores reciclados que se colocaron en el lugar para permitir la incorporación de un edificio de ladrillo ya existente, el cual se renovó para dar cabida a la cocina y el comedor del nuevo hogar.

South west elevation

Alzado suroeste

6.05m x 2.44m container
vertical

6 050

5 180 (2 x containers)

njch

ERF 137

ERF 147

ERF 139

1. Existing Montessori Pre-Primary School.

2. Future House.

3. Container House.

4. Future Chapel.

5. Future Administration Building.

6. Future Parking.

7. Existing Children's Home.

8. Existing Tennis Court.

9. Existing Soccer Pitch.

1. Colegio existente Infantil Montessori.

2. Futura casa.

3. Casa contenedor.

4. Futura capilla.

5. Futuro edificio de la administración.

6. Futuro aparcamiento.

7. Hogar Infantil existente.

8. Pista de tenis existente.

9. Campo de fútbol existente.

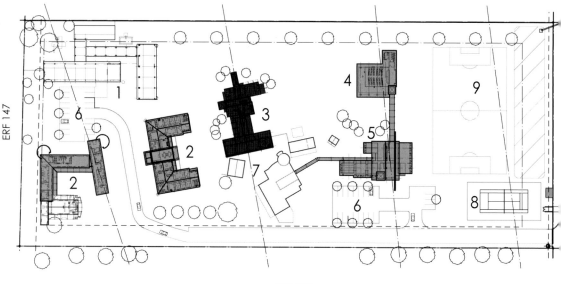

Sitemap plan

Plano de situación

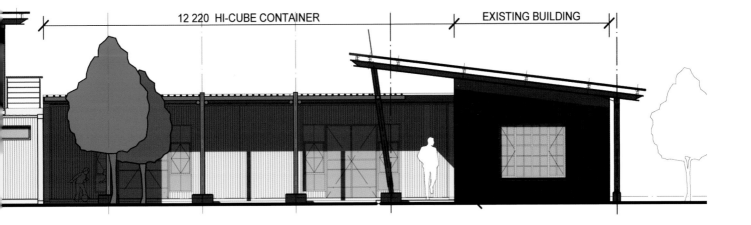

12 220 HI-CUBE CONTAINER   EXISTING BUILDING

Both 6m and 12m containers have been utilized. The only site works required prior to delivery of the containers was the casting of 600 x 600 x 800 deep concrete plinths to line up with the corner supports of each container; these were later covered with mosaics. The pre-painted containers, with the openings cut out and framed and the ablution facilities already installed in the depot, were delivered to site and placed in position with a crane. The containers were then welded together and the joints rubberized at roof level. The rest of the installation was completed on site. The whole construction process took a total of 6 months. The house uses passive and natural environmental controls like solar heating, grey water recycling, photo-voltaic lighting system, the use of natural air flow below the containers and between the top of the containers and the floating roofs above the containers, a roof garden and vertical and horizontal sunscreens.

The containers walls were for the most part clad internally using insulation and dry-wall, but where possible left in their painted original finish. Flush plastered gypsum ceilings with insulation were installed through-out, the original timber container floors were left in the public areas with donated second hand carpet tiles and vinyl sheeting used in the rest of the home. Large windows with opening sections for natural ventilation were installed where possible to allow for as much light and views as possible.

Se han utilizado tanto contenedores de 6 m como de 12 m. Las únicas obras en el lugar que se requirieron antes de la entrega de los contenedores fue la fundición de los zócalos de hormigón (600 x 600 x 800) para poder alinearlos con los soportes de las esquinas de cada contenedor. Estos fueron posteriormente recubiertos con mosaicos. Los contenedores ya pintados, con los vanos cortados y armados, y las instalaciones para hacerse abluciones ya instaladas, fueron transportados al lugar y colocados en su sitio con una grúa. Se soldaron los contenedores y las juntas se cubrieron de caucho al nivel del techo. El resto de la instalación se terminó en el lugar de la obra. Se tardaron 6 meses para todo el proceso de construcción. La vivienda emplea controles medioambientales pasivos y naturales, como la calefacción solar, el reciclaje de aguas grises, el sistema de iluminación fotovoltaico, el flujo de aire natural bajo los contenedores y entre los contenedores superiores, los techos flotantes, el jardín de la azotea y filtros solares verticales y horizontales.

El interior de las paredes de los contenedores se revistió casi totalmente utilizando aislamiento y cartón yeso, pero se dejó el acabado de pintura original donde fue posible. Se instalaron techos de yeso liso enlucido con aislamiento. El suelo del contenedor, originalmente de madera, se dejó en las zonas comunes con moqueta en baldosas de segunda mano y se utilizó vinilo para el resto de la vivienda. También se instalaron, donde se pudo, grandes ventanales con aperturas para una ventilación natural y ofrecer la máxima luz y vistas posibles.

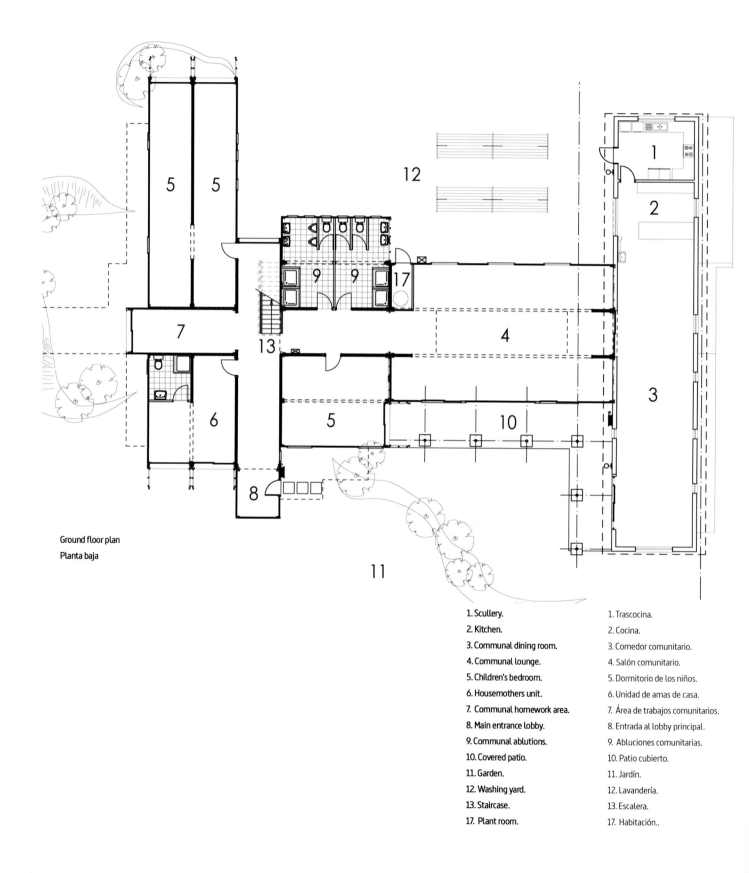

Ground floor plan
Planta baja

1. Scullery.
2. Kitchen.
3. Communal dining room.
4. Communal lounge.
5. Children's bedroom.
6. Housemothers unit.
7. Communal homework area.
8. Main entrance lobby.
9. Communal ablutions.
10. Covered patio.
11. Garden.
12. Washing yard.
13. Staircase.
17. Plant room.

1. Trascocina.
2. Cocina.
3. Comedor comunitario.
4. Salón comunitario.
5. Dormitorio de los niños.
6. Unidad de amas de casa.
7. Área de trabajos comunitarios.
8. Entrada al lobby principal.
9. Abluciones comunitarias.
10. Patio cubierto.
11. Jardín.
12. Lavandería.
13. Escalera.
17. Habitación..

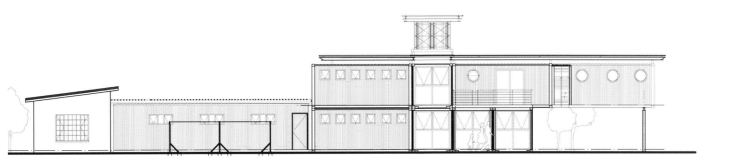

North east elevation

Alzado noreste

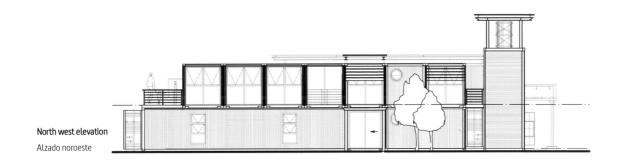

North west elevation

Alzado noroeste

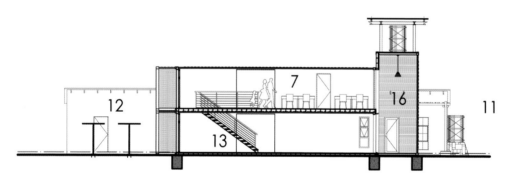

2. Kitchen.

4. Communal lounge.

7. Communal homework area.

11. Garden.

12. Washing yard.

13. Staircase.

16. Double volume.

2. Cocina.

4. Salón comunitario.

7. Área de trabajos comunitarios.

11. Jardín.

12. Lavandería.

13. Escalera.

16. Volumen doble.

Section A-A'

Sección A-A'

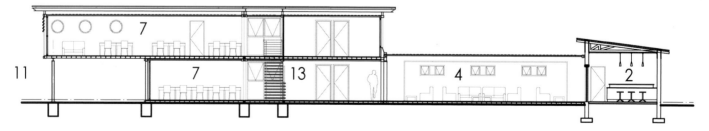

Section B-B'

Sección B-B'

5. Children's bedroom.

6. Housemothers unit.

7. Communal homework area.

9. Communal ablutions.

13. Staircase.

14. Roof garden.

15. Balcony.

16. Double Volume.

5. Dormitorio de los niños.

6. Unidad de amas de casa.

7. Área de trabajos comunitarios.

9. Abluciones comunitarias.

13. Escalera.

14. Jardín de la azotea.

15. Balcón.

16. Volumen doble.

First floor plan

Primera planta

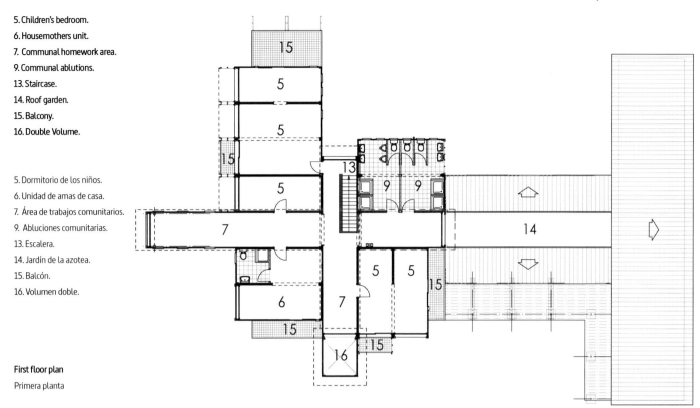

Six Oaks

MODULUS

CONTAINERS: 6
LOCATION / LOCALIZACIÓN: FELTON, CALIFORNIA
PHOTOS © MODULUS
TEXT © MODULUS
WWW.MODULUS.COM

CREATED AS A GETAWAY INTO A WOODED SITE, SIX OAKS STRIVES FOR A FUNCTIONAL, MONETARY, MATERIAL, AND POETIC 'ESSENTIALISM' - SO AS TO CREATE NOTHING EXTRANEOUS AND MAKE OPPORTUNITY OF EVERY ELEMENT, BOTH NATURAL AND MANMADE.

With recycled shipping containers as a key component of the sustainable approach, the design and concept interweave mass and light, exposure and privacy, technological advancements and rustic craftsmanship, into a modern and simple home that speaks to the raw nature of the site and its history as an old railroad travel way.

To be within the home is equally as intriguing as to be outside of it. Every aspect of the 1,200 square foot home, including the bed, kitchen, stairwell, bridge, and outdoor enclosure areas double as livable and intertwined spaces filtered and crafted from the trees, light, and intimate surroundings so as to become opportunities to learn, play, live, and dream within.

DISEÑADA COMO UN REFUGIO EN UN LUGAR BOSCOSO, SEIS ROBLES SE ESFUERZAN POR ALCANZAR UN «ESENCIALISMO» FUNCIONAL, MONETARIO, MATERIAL Y POÉTICO CON EL FIN DE INTEGRARSE EN EL ENTORNO Y DAR ESA MISMA OPORTUNIDAD A TODOS LOS ELEMENTOS, TANTO LOS NATURALES COMO LOS PRODUCIDOS POR EL HOMBRE.

Con los contenedores de transporte reciclados como componente clave del enfoque sostenible, el diseño y el concepto entrelazan masa y luz, exposición y privacidad, avances tecnológicos y artesanía rústica en una vivienda moderna y sencilla que habla de la naturaleza del lugar y su historia como si se tratase de un viaje en tren.

Estar dentro de la casa resulta tan fascinante como estar fuera de ella. Cada detalle de esta vivienda de 112 metros cuadrados, incluyendo la cama, la cocina, las escaleras, la pasarela y las zonas cercadas al aire libre, sirven como espacios habitables y entrelazados, filtrados y elaborados a partir de los árboles, la luz y un entorno íntimo con el fin de convertirse en oportunidades para aprender, jugar, convivir y soñar.

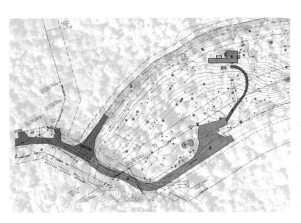

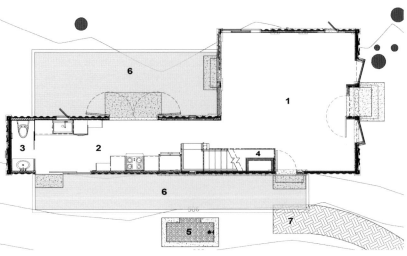

Sitemap plan

Plano de localización

Ground floor plan

Planta baja

1. Living.
2. Kitchen.
3. Bathroom.
4. Fireplace / Bench.
5. Outdoor shower.
6. Patio.
7. Pathway.

1. Estar.
2. Cocina.
3. Aseo.
4. Chimenea / Banco.
5. Ducha exterior.
6. Patio.
7. Camino.

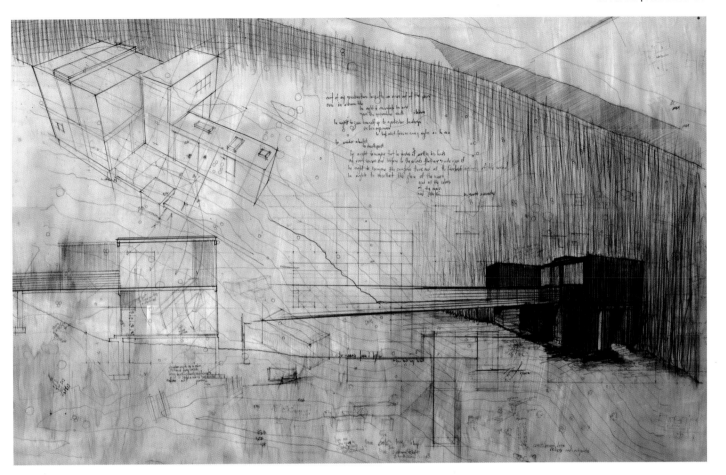

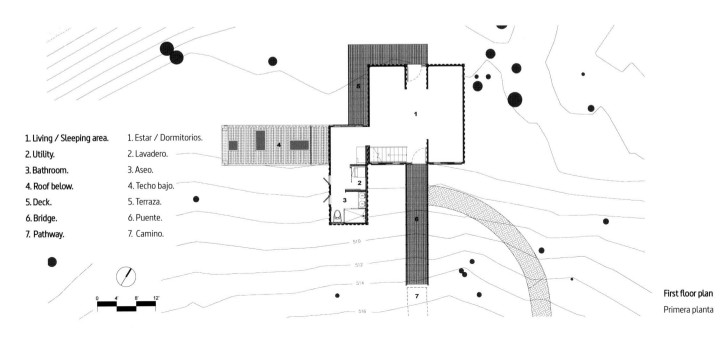

1. Living / Sleeping area.
2. Utility.
3. Bathroom.
4. Roof below.
5. Deck.
6. Bridge.
7. Pathway.

1. Estar / Dormitorios.
2. Lavadero.
3. Aseo.
4. Techo bajo.
5. Terraza.
6. Puente.
7. Camino.

First floor plan

Primera planta

The location on the site was chosen based on minimizing impact to the existing environment, limiting disturbance of living things, and allowing for maximum daylight entry to the home. A desire to make the home feel a part amongst the trees, to filter its light like branches through the sky, and ground itself in a way that it has always seemingly belonged there.

The arrangement of the six containers unfold in a manner to create a space that is exposed to the site at every turn yet also create a new space from its connection to the site – an interweaving of natural and manmade. Sitting beside huge redwoods and lifted slightly above one of the few areas that had opening to the sky, the earth level containers are separated by four feet allowing for a more comfortable proportion to the 8' x 20' containers. This also created a grid which allowed the canopy level containers to turn 90 degrees and stack on top of one another, minimizing structural additives and taking advantage of what the shipping containers were created to accomplish. A central glass spine (operable and fixed skylights) infills the container separation and becomes integral to the connection of home to site. The filtered sunlight is then carried through to the earth level past a metal grate floor which bridges the four foot module and allows the skylights to double as a vent stack on the warm summer days, and movement of warm air from the fireplace on cool winter nights.

La ubicación en el lugar fue escogida para minimizar el impacto en el entorno, reduciendo la alteración de los seres vivos y permitiendo la máxima entrada de luz en la casa. El deseo fue que la vivienda formara parte de los árboles, para filtrar la luz del cielo como si fueran ramas, y que se asentara de tal modo que pareciese que siempre estuvo ahí.

Los seis contenedores se dispusieron de una manera que creara un espacio constantemente expuesto al lugar y, también, otro espacio que conectara con este y entrelazara lo natural con lo fabricado. Asentados junto a unas enormes secuoyas y elevados ligeramente sobre una de las pocas áreas que permite ver el cielo, los contenedores que están al nivel del suelo están separados poco más de un metro, lo cual permite una proporción más cómoda para los contenedores de 2.5 m x 6 m. Esto a su vez creó una cuadrícula que permitió girar los contenedores 90 grados y apilarlos unos encima de otros minimizando los aditivos estructurales y aprovechando aquello para lo que los contenedores fueron creados. Una columna central de vidrio (con tragaluces fijos y graduables) rellena la separación de los contenedores y resulta fundamental para conectar la casa con el lugar. La luz del sol se filtra hasta el nivel del suelo, más allá de la rejilla metálica que enlaza con el módulo de aproximadamente un metro y que permite que los tragaluces sirvan de conducto de ventilación en los calurosos días de verano y faciliten el movimiento de aire caliente de la chimenea en las frías noches de invierno.

The grated bridge – critical to the interior environment, is then carried outward into the bridge that physically connects the home to the hillside and nestles the home within the hollows. The upper level container holding the utility areas and located beside the bridge, rests upon a raised board-form concrete foundation carved to create a privatized outdoor shower and hillside tunnel passageway.

Adding only the essential and nothing to waste - the containers, left unfaced (and some exposed on the interior) are treated with a closed cell poly-iso insulation to maximize efficiency and depth available. The gypsum board, one of the few site installed components, cover the interior faces and are interrupted only by the high efficiency windows and doors that make the small boxes feel large and the exterior an element of the interior. Sprinklers, wiring, and plumbing are all run with optimum efficiency and planning from all team members to sacrifice as little as possible of the available volumes. The existing container floors are refinished with environmentally sensitive stains and sealants that leave the apatong plywood, thousands of miles travelled (with who-knows what on top of it), like unbelievably custom created flooring – warm and modern, yet somehow tagged with antiquity. And the two redwoods felled from the site were not discarded, but milled into stair treads and risers, screen elements, ceiling treatment and other interior components that tie the site to the home once again.

La pasarela de rejilla, crucial para la ambientación del interior, es llevada hasta la pasarela exterior que conecta físicamente la casa con la ladera y la cobija en los huecos. El contenedor superior, que contiene las zonas comunes y está ubicado sobre el puente, descansa sobre una base elevada de hormigón con forma de tablón concebida para crear una ducha privada al aire libre y un pasadizo que va a parar a la ladera.

Añadiendo solo lo esencial y sin desperdiciar nada, los contenedores, sin revestir y algunos de ellos expuestos en el interior, se han tratado con un aislamiento de poli-iso de celda cerrada para maximizar la eficiencia y la profundidad disponible. Los tablones de yeso, uno de los pocos componentes instalados en el lugar, cubre los interiores y solo se ven interrumpidos por las ventanas y puertas de gran eficiencia que agrandan los espacios pequeños y convierten el exterior en un elemento del interior. Los irrigadores, el cableado y las tuberías funcionan con una eficiencia óptima y están pensados para que los miembros del equipo sacrifiquen lo menos posible los volúmenes disponibles. A los suelos de los contenedores se les ha dado un acabado con pintura e impermeabilizantes ecológicos que dejan la madera contrachapada de Apitong (que ha viajado miles de quilómetros con quién sabe qué encima) como un suelo increíblemente personalizado: acogedor y moderno aunque, de alguna manera, etiquetado de antiguo. Las dos secuoyas que se tuvieron que talar no se desecharon y se utilizaron para los escalones de las escaleras y las tarimas, los elementos de protección, el tratamiento de los techos y otros componentes del interior que, una vez más, une el lugar a la casa.

Heating, cooling, and sun response:
1. Centrally located Fireplace.
2. Natural ventilation & operable windows/skylights.
3. Closed cell insulation.
4. Site selection and building orientation.
5. Large skylight spine to collect and filter daylight.
6. Metal grate bridge filters light to ower level.

Calefacción, ventilación y respuesta solar:
1. Chimenea ubicada en el centro.
2. Ventilación natural y tragaluces/ventanas graduables.
3. Aislamiento de célula cerrada.
4. Elección del emplazamiento y orientación del edificio.
5. Gran columna de tragaluz para captar y filtrar la luz del sol.
6. La pasarela de rejilla metálica filtra la luz hasta los niveles más bajos.

Materials, Site and Sustainability:

1. Recycled shipping containers.
2. Insulated foam cool roof.
3. Two total trees removed and recycled into interior components.
4. Existing container flor refinished and reused.
5. Low-E High efficiency windows.
6. Pier foundation allows water to filter naturally minimizing grading.

Materiales, emplazamiento y sostenibilidad:

1. Contenedores de transporte reciclados.
2. Espuma aislante para el tejado.
3. Dos árboles talados y reciclados para los componentes del interior.
4. El suelo de los contenedores se ha reutilizado y se le ha dado un acabado.
5. Ventanas de gran eficiencia y baja emisión.
6. El pozo de cimentación permite que el agua se filtre de manera natural minimizando la nivelación.

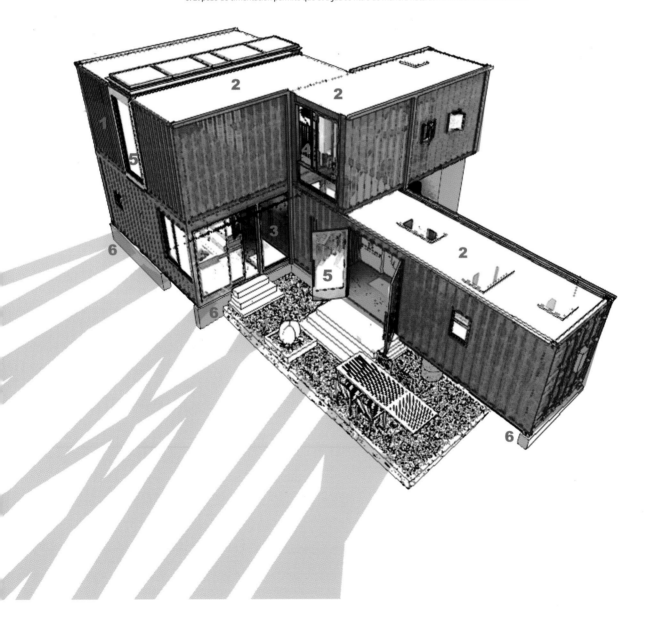

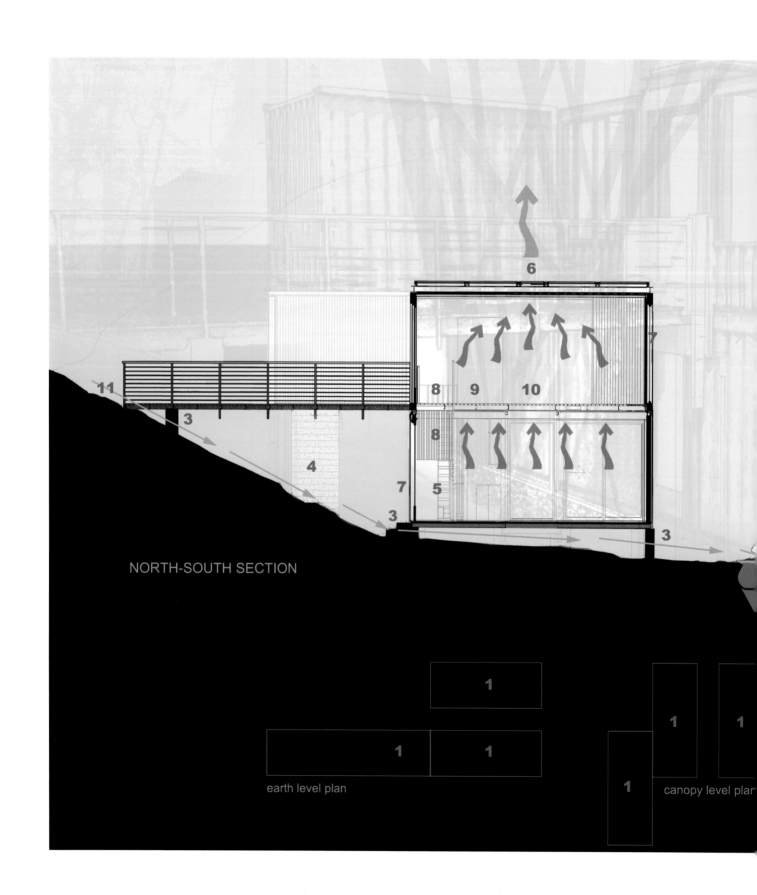

NORTH-SOUTH SECTION

earth level plan

canopy level plan

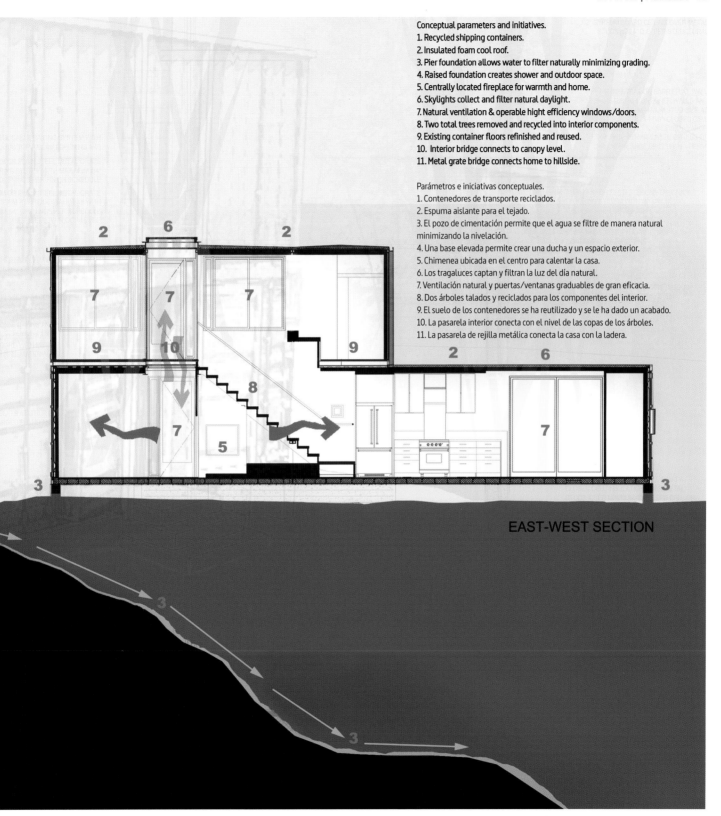

Conceptual parameters and initiatives.
1. Recycled shipping containers.
2. Insulated foam cool roof.
3. Pier foundation allows water to filter naturally minimizing grading.
4. Raised foundation creates shower and outdoor space.
5. Centrally located fireplace for warmth and home.
6. Skylights collect and filter natural daylight.
7. Natural ventilation & operable hight efficiency windows/doors.
8. Two total trees removed and recycled into interior components.
9. Existing container floors refinished and reused.
10. Interior bridge connects to canopy level.
11. Metal grate bridge connects home to hillside.

Parámetros e iniciativas conceptuales.
1. Contenedores de transporte reciclados.
2. Espuma aislante para el tejado.
3. El pozo de cimentación permite que el agua se filtre de manera natural minimizando la nivelación.
4. Una base elevada permite crear una ducha y un espacio exterior.
5. Chimenea ubicada en el centro para calentar la casa.
6. Los tragaluces captan y filtran la luz del día natural.
7. Ventilación natural y puertas/ventanas graduables de gran eficacia.
8. Dos árboles talados y reciclados para los componentes del interior.
9. El suelo de los contenedores se ha reutilizado y se le ha dado un acabado.
10. La pasarela interior conecta con el nivel de las copas de los árboles.
11. La pasarela de rejilla metálica conecta la casa con la ladera.

EAST-WEST SECTION

Container Guest House

POTEET ARCHITECTS

CONTAINERS: 1
LOCATION / LOCALIZACIÓN: SAN ANTONIO, TEXAS, USA
PHOTOS © CHRIS COOPER
TEXT © POTEET ARCHITECTS
WWW.POTEETARCHITECTS.COM

THIS PROJECT ORIGINATED IN ARCHITECT CLIENT'S WISH TO EXPERIMENT WITH SHIPPING CONTAINERS. SHE LIVES IN A SMALL WAREHOUSE ON A FORMER INDUSTRIAL SITE JUST SOUTH OF DOWNTOWN.

The finished project serves as a guest house and is fitted with a shower/WC and a custom stainless sink. The large steel and glass lift/slide and end window wall open the interior to the surrounding landscape. The remainder of the interior is used as a garden shed.

The emphasis was on sustainable strategies– first, the recycling of a "one-way" container for a new and permanent use. The planted roof is held off the container top, providing shade and air-flow to reduce heat gain. The interior is insulated with spray foam then lined with bamboo plywood, equally appropriate for the floor as the walls. The grey water from the sink and shower is captured for roof irrigation. The WC is a composting toilet. The rear of the container is screened by wire mesh panels which will eventually be covered in evergreen vines.

ESTE PROYECTO NACIÓ A PARTIR DE LA IDEA DE UNO DE LOS CLIENTES DEL ARQUITECTO DE EXPERIMENTAR CON CONTENEDORES DE TRANSPORTE. EL CLIENTE VIVE EN UN PEQUEÑO ALMACÉN UBICADO EN UNA ANTIGUA ZONA INDUSTRIAL AL SUR DEL CENTRO DE LA CIUDAD.

El proyecto ya acabado sirve como casa de huéspedes y está equipada con una ducha, lavabo y una pila de acero inoxidable personalizada. El acero y el vidrio se deslizan y la ventana del fondo que ocupa la pared abre el interior al paisaje que lo rodea. El resto del interior se ha utilizado como cobertizo.

Se hizo hincapié en las estrategias sostenibles: el reciclaje de un contenedor «solo de ida» para un uso nuevo y permanente. El techo con plantas se encuentra en la parte superior del contenedor y ofrece sombra y un flujo de aire para reducir la sensación de calor. El interior está aislado con espuma pulverizada y cubierto con madera chapada de bambú, también apropiada para el suelo y las paredes. Las aguas grises de la pila y la ducha se recolectan para irrigar el techo. El lavabo es un inodoro de compostaje. La parte trasera del contenedor está protegido por unos paneles de malla metálica que, al final, serán cubiertos por parras perennes.

Sitemap plan

Plano de localización

SITE PLAN

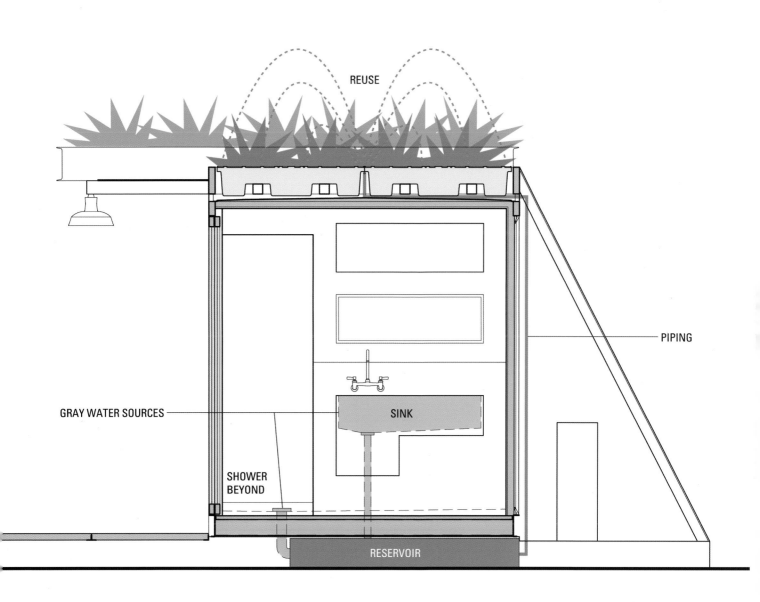

REUSE

PIPING

GRAY WATER SOURCES

SINK

SHOWER
BEYOND

RESERVOIR

Grey water diagram

Diagrama aguas grises

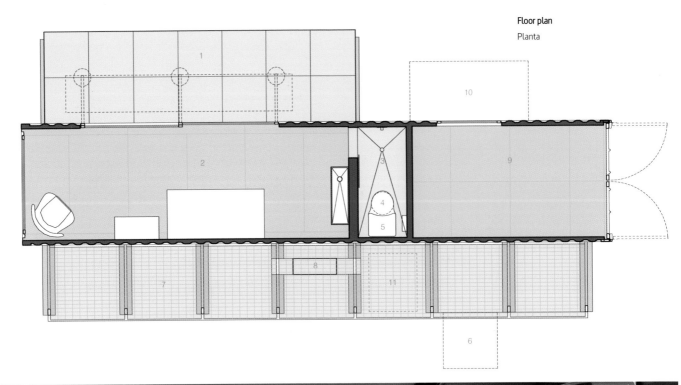

1

2

3

4

5

7

8

11

9

10

6

Other innovative material choices informed the design: the container "floats" on a foundation of recycled telephone poles. The deck is made up of HVAC equipment pads (made of recycled soda bottles) set in a steel frame. The exterior light fixtures are blades from a tractor disc plow—a common sight in south Texas.

Se ha optado por otros materiales innovadores para el diseño: el contenedor «flota» sobre una base de postes telefónicos reciclados. La terraza está hecha con soportes de equipos de climatización (hechos con botellas de agua recicladas) dispuestos en una estructura de hierro. Los dispositivos de iluminación exterior son las hojas de un arado de discos, muy común en el sur de Texas.

Boucher Grygier House

LEGER WANASELJA ARCHITECTURE

CONTAINERS: 4
LOCATION / LOCALIZACIÓN: RICHMOND, CALIFORNIA, USA
PHOTOS © LEGER WANASELJA ARCHITECTURE, JAN GRYGIER
TEXT © LEGER WANASELJA ARCHITECTURE
WWW.GREENDWELLINGS.COM

THIS HOUSE INCORPORATES THREE INSULATED CONTAINERS INTO THE DESIGN OF THIS AIRY YET COMPACT 1350 SQUARE FOOT, THREE BEDROOM HOUSE.

The shipping container is the standard for shipping goods from place to place. Built to exacting specifications to withstand tremendous loads and, with refrigerated units, to maintain low internal temperatures efficiently, these vessels of commerce make excellent building blocks for architecture. Even after many trips around the globe, they still easily meet or exceed the building codes for construction. As a net importer, the US ports are filled with them.

Two forty-foot containers are stacked on one side and a third is cut in half and stacked on the other creating protective walls for a two story atrium living room in the middle. Bedrooms in the upper containers are given added width with bay windows. A stair and a bridge through the atrium connect the two upper containers to the space below. Repurposing used refrigerated shipping containers is extremely resource efficient. The containers act as a weatherproof exterior siding, insulation, and structural frame.

ESTA CASA INCORPORA TRES CONTENEDORES AISLADOS EN EL DISEÑO DE ESTA VIVIENDA ESPACIOSA AUNQUE COMPACTA DE 125 METROS CUADRADOS Y TRES HABITACIONES.

El contenedor es un prototipo que se emplea para transportar bienes de un lugar a otro. Construido con unas especificaciones exactas para soportar cargas enormes y, si son frigoríficos, para mantener unas temperaturas bajas en el interior de manera eficiente, estas naves comerciales son bloques de construcción excelentes para la arquitectura.Incluso tras realizar muchos viajes por el mundo, siguen cumpliendo perfectamente o sobrepasan los códigos de edificación para la construcción. Como importadores globales, los puertos estadounidenses están llenos de ellos.

Dos contenedores de 40 pies están apilados en un lado y un tercer contenedor se ha partido por la mitad y se ha situado al otro lado, formación que crea unas paredes protectoras para un atrio de dos pisos con función de sala de estar en el medio. Las ventanas saledizas aportan una anchura adicional a las habitaciones ubicadas en los contenedores superiores.

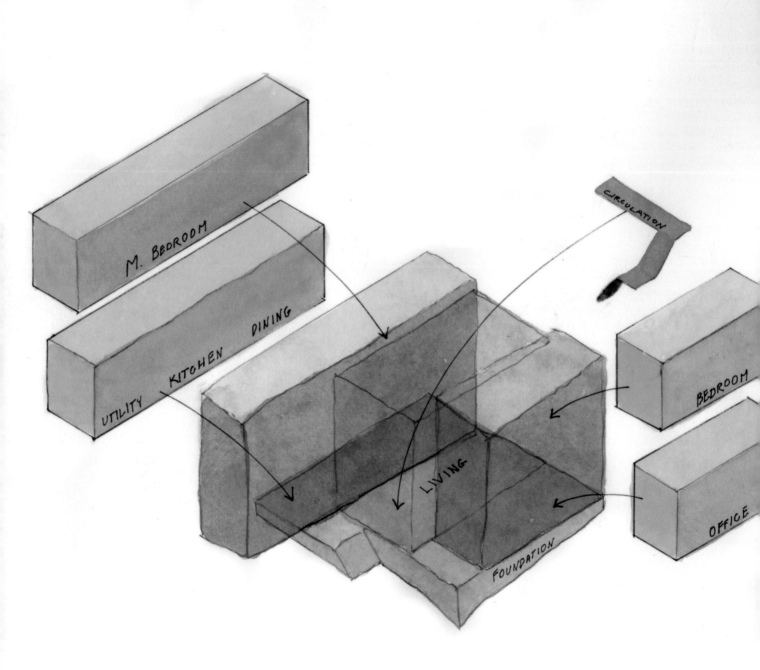

Axonometry of assembly

Vista axonométrica del ensamblaje

Minimal insulation needs to be added at the roof and floor. Framing is only needed were bay windows and interior partition walls are added. Waterproofing is only needed where windows and doors are added. Aside from the containers, which make up most of the building, green materials include: blown in cellulose insulation at the roof, 50% flyash concrete foundation, "green seal" low-voc paint on the interior, water-based urethane finish on the wood, and 100% wool carpet and bamboo flooring.

The house was also designed to minimize energy use through passive solar design. Deep eaves minimize summer solar gain, while allowing winter solar heating. Well placed windows supply excellent daylighting and summer ventilation. Additional energy and water saving features such as stacked plumbing, roof rainwater collection, high efficacy lighting, and solatubes further reduce ecological impacts.

Una escalera y una pasarela que atraviesa el atrio conectan los dos contenedores superiores con el espacio inferior. Readaptar los contenedores frigoríficos usados es un recurso sumamente rentable. Los contenedores actúan como revestimiento exterior impermeable, aislamiento y estructura. Se requiere un aislamiento mínimo para el techo y el suelo. Solo se necesita el armazón donde se van a colocar las ventanas saledizas y las paredes estructurales interiores. La impermeabilización solo es necesaria donde van las ventanas y las puertas. Además de los contenedores, que forman la mayor parte del edificio, los materiales ecológicos son:

Aislamiento soplado de celulosa en el tejado; Cimientos de hormigón con un 50 % de cenizas volantes; Pintura con bajos niveles de COV y de "sellado ecológico" en los interiores; Acabado de uretano a base de agua en la madera; y Moqueta de 100 % lana y revestimiento de bambú para el suelo.

La casa también se diseñó para minimizar el consumo de energía mediante un diseño solar pasivo. Los aleros profundos minimizan la ganancia solar en verano, mientras que permite una calefacción solar en invierno. Las ventanas bien situadas abastecen una excelente luz del día y ventilación en verano. Los detalles adicionales de ahorro de energía y agua, como las cañerías apiladas, la recolección de agua de lluvia del tejado, la iluminación de gran eficacia y los tragaluces, reducen aún más el impacto ecológico.

Zigloo Domestique

Keith Dewey

Containers: 9
Location / Localización: Victoria area, Canada
Photos © Nik West
Text © Keith Dewey
www.zigloo.ca

TAKING WHAT OTHERS SAW AS SCRAP METAL, VICTORIA HOUSE DESIGNER KEITH DEWEY HAS RECYCLED EIGHT DECOMMISSIONED CONTAINERS THAT ONCE HELD CONSUMER GOODS AND USED THEM TO BUILD A HOME FOR HIS YOUNG FAMILY.

Reduce, reuse, recycle, re-contain. The containers, which measure 6 metres long, 2.4 metres wide and 2.4 metres high, can be purchased for about $2,500 each. They are easily transported by cargo ship, train or transport truck. The initial reaction of the neighbours to the containers, which are unpainted and still bear the scratches and scars of their former life, was shock, but they the architect explained his rationale about building with sustainable and green material choices.

The location of his house — on an infill lot behind an existing apartment — also speaks of architect's desire for finding housing solutions that will work within existing space. The final design of the house came up playing with eight model train box cars that he bought in a hobby shop, becoming one of the first precedents in designing of a house with containers.

UTILIZANDO LO QUE OTROS VEN COMO METAL SOBRANTE, EL DISEÑADOR KEITH DEWEY HA RECICLADO OCHO CONTENEDORES QUE UNA VEZ CONTUVIERON BIENES DE CONSUMO Y LOS HA USADO PARA CONSTRUIR UNA CASA PARA SU FAMILIA.

Reducir, reutilizar, reciclar y recontener. Los contenedores, que miden 6 metros de largo, 2.4 metros de ancho y 2.4 metros de alto, pueden adquirirse por unos 2 500 dólares cada uno. Pueden transportarse fácilmente en un buque de carga, en tren o en un tráiler. La primera reacción de los vecinos al ver los contenedores, sin pintar y con rayadas y marcas visibles fruto de su anterior vida, fue de estupefacción, pero el arquitecto les explicó sus razones para construir con materiales sostenibles y ecológicos.

La ubicación de esta vivienda, en una parcela tras un apartamento existente, también transmite el deseo del arquitecto de encontrar soluciones para la casa que funcionen en el espacio existente. El diseño final de la casa surgió de jugar con ocho modelos de vagones de trenes que compró en una tienda, hecho que se convirtió en el primer precedente para diseñar una casa con contenedores.

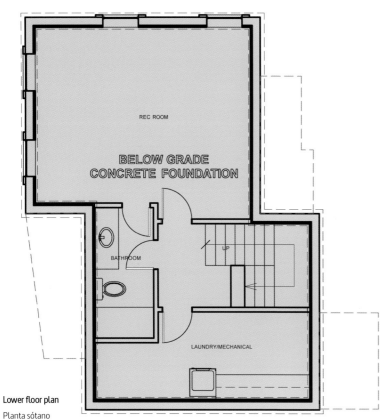

REC ROOM

BELOW GRADE
CONCRETE FOUNDATION

BATHROOM

UP

LAUNDRY/MECHANICAL

N

Lower floor plan

Planta sótano

In the end, the eight containers were stacked two high. The roof of the containers on the upper floor were cut and reattached on arched wood beams, giving the upper living areas an extra bit of height. The interior of the container home reveals little of its exterior. He has taken pains to cut out sections of the skins of the containers — he has re-used the cut-out panels as fence boards — so that the house has an open, contemporary feel. The central stairwell is bordered by a chain-link fence that seems appropriate in light of the exterior treatment. The strings for the stairs are made from engineered strand lumber, which adds visual appeal. The kitchen is unusual because there are no upper cabinets, creating an open, airy feel.

Finalmente, los ochos contenedores se apilaron en dos pisos. El techo de los contenedores del piso superior se eliminó y se volvió a fijar con vigas arqueadas de madera, lo que aporta a las zonas del piso de arriba un poco de altura extra. El interior del contenedor refleja un poco su exterior. Se ha esforzado para cortar las secciones de la superficie de los contenedores y las ha utilizado como vallas para que la casa transmita una sensación de amplitud y modernidad. La escalera central está bordeada por una alambrada de tela metálica que parece adecuada para un tratamiento exterior. Las cuerdas para las escaleras están hechas con chapas de madera, lo que llama la atención visualmente. La cocina es algo inusual porque no hay armarios superiores, lo cual transmite una sensación de amplitud y espaciosidad.

A regular-sized refrigerator, which was deemed too tall, was replaced by a two-drawer compact model that fits under the counter. Its visual twin a few feet away is a compact two-drawer dishwasher. A light, engineered quartz -composite stone serves as the kitchen's countertop.

Una nevera de tamaño normal, que se consideró demasiado alta, fue sustituida por un modelo compacto de dos cajones que encaja bajo la encimera. Su gemelo visual, separado unos pocos metros, es un compacto lavavajillas de dos cajones. Un fragmento de piedra de cuarzo ligera sirve como encimera de la cocina.

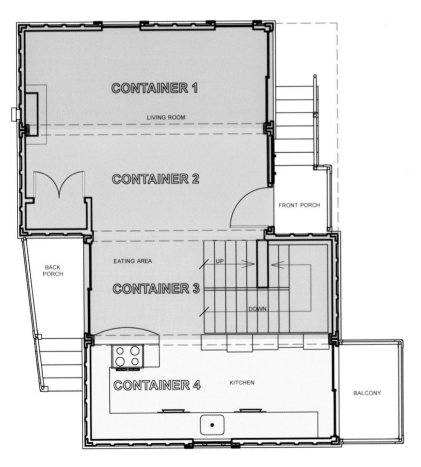

CONTAINER 1

LIVING ROOM

CONTAINER 2

FRONT PORCH

BACK PORCH

EATING AREA

UP

CONTAINER 3

DOWN

CONTAINER 4

KITCHEN

BALCONY

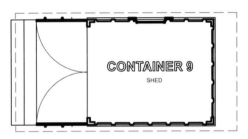

CONTAINER 9

SHED

N

Level 2 floor plan

Planta segunda

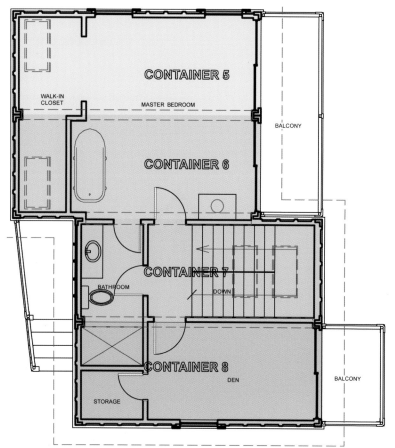

CONTAINER 5

WALK-IN
CLOSET

MASTER BEDROOM

BALCONY

CONTAINER 6

CONTAINER 7

BATHROOM

DOWN

CONTAINER 8

DEN

BALCONY

STORAGE

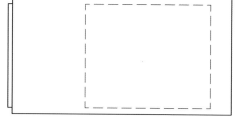

N

Level 3 floor plan

Planta tercera

The cabinets and floor are made of bamboo. A patio door off the kitchen leads to a small balcony. Keeping with the metal theme, a chain-link fence wall surrounds a central stairwell, leaving open the views to the kitchen and the living room. Two containers placed side-by-side, with windows and a front door cut into them, form the living room.

The upstairs master bedroom features a walk-in closet behind a bead curtain. A reclaimed claw-foot bathtub sits in an alcove in the bedroom. The room has a cheater door into the main bathroom. A second bedroom/home office completes the upper floor. Skylights in the stairwell and in the closet area bring in natural light. On the lower level, Dewey's 13-year old daughter's room has the same layout as the master suite two levels above. The area also houses the laundry room and a on-demand (tankless) gas furnace that does double duty, heating hot water for domestic use as well as supplying hot water for the home's in-floor heating.

He estimates the finished house cost him about $180 square per foot to build, only $30 more than his initial estimate. Dewey figures some of that extra cost was due to the rising material prices that have plagued all builders in the last year. Overall, the cost is in line with building a comparable wood-frame structure.

Los armarios y el suelo están hechos con bambú. Una de las puertas de la cocina da a un pequeño balcón. Siguiendo con la temática del metal, una valla metálica rodea la escalera central y deja unas vistas abiertas a la cocina y a la sala de estar. Dos contenedores dispuestos uno junto al otro, con ventanas y una puerta frontal entre ambos, forman la sala de estar.

La habitación principal de la planta de arriba dispone de un vestidor escondido tras una cortina de abalorios. Una bañera con patas de garras reciclada se encuentra situada en un hueco de la habitación. Esta habitación cuenta con una puerta falsa en el aseo principal. Una segunda habitación u oficina completa el piso superior. Los tragaluces en la escalera y en el armario aportan luz natural. En el piso inferior se encuentra la habitación de la hija de 13 años de Dewey, que tiene la misma disposición que la suite principal ubicada dos pisos más arriba. Este piso también alberga el lavadero y un horno de gas (sin tanque) bajo demanda que tiene una doble función: calentar el agua para el uso doméstico y suministrar agua caliente para la calefacción integrada en el suelo de la casa.

Ha calculado que la casa terminada le ha costado casi 180 dólares por metro cuadrado, solo 30 dólares más de lo que había estimado inicialmente. Dewey cree que el coste adicional se debe al aumento del precio de los materiales que han sufrido todos constructores durante el último año. En general, el coste es similar a las construcciones con una estructura de madera.

Contenedores Esperanza

Benjamin Garcia Saxe Architecture

Containers: 2
Location / Localización: San José, Costa Rica
Photos © Andres Garcia Lachner
Text courtesy of Benjamin Garcia Saxe Architecture
www.benjamingarciasaxe.com

THE FINAL COST OF THE HOUSE (40,000 USD) IS LOWER THAN THE COST OF SOCIAL HOUSING PROVIDED FOR THE POOR IN COSTA RICA.

Gabriela Calvo and Marco Peralta dreamed of living in their fantastic property 20 minutes outside of the city of San Jose, Costa Rica; where they could be with their horses and enjoy the natural landscape. They made the very bold choice of exploring with the architect the possibility of creating a very inexpensive house made out of disregarded shipping containers that allowed them to be dept free and live the life they always dreamed of. It was important for the architect to provide them with the sunrise, the sunset, the spectacular views, and overall try and create a feeling of comfort and home. A roof between the two containers, made from the scrap pieces of metal taken to make the windows, not only creates an internal sensation of openness but also provides a cross ventilation which is surprisingly sufficient enough to never have to turn the air conditioning on.

EL COSTE FINAL DE LA CASA (40 000 DÓLARES) HA RESULTADO SER MÁS BAJO QUE EL COSTE DE LAS VIVIENDAS SOCIALES PARA LOS POBRES EN COSTA RICA.

Gabriela Calvo y Marco Peralta soñaban con vivir en su fantástica propiedad a las afueras de la ciudad de San José, Costa Rica. A solo 20 minutos de la ciudad, podían estar con sus caballos y disfrutar del paisaje natural. Tomaron la valiente decisión de explorar junto con el arquitecto la posibilidad de crear una casa muy económica hecha de contenedores abandonados que les permitieran ser totalmente libres y vivir la vida que siempre habían soñado. Para el arquitecto era importante brindarles el amanecer, la puesta de sol, unas vistas espectaculares y, en general, intentar crear una sensación de confort y hogar. El techo que hay entre los dos contenedores, construido con los trozos de metal sobrantes de las ventanas, proporciona no solo una sensación de amplitud en el interior, sino también una ventilación cruzada que, sorprendentemente, es suficiente para no tener que encender el aire acondicionado nunca más.

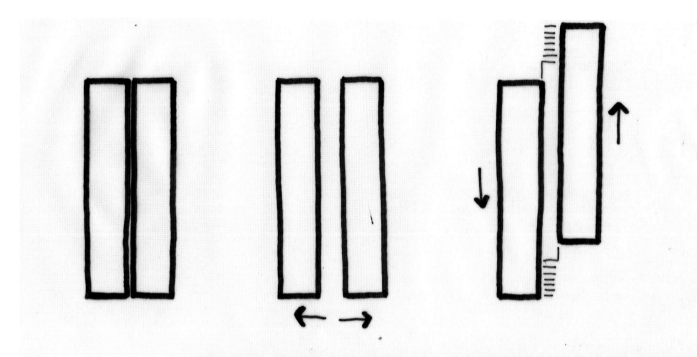

Positioning the containers

Posicionando los containers

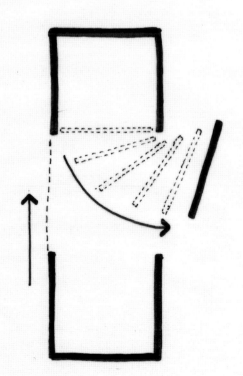

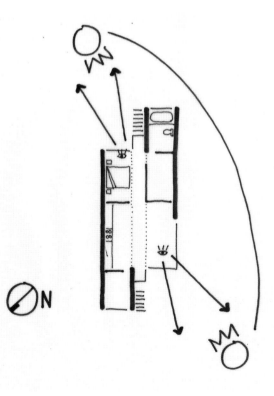

Refrigeration scheme

Esquema de refrigeración

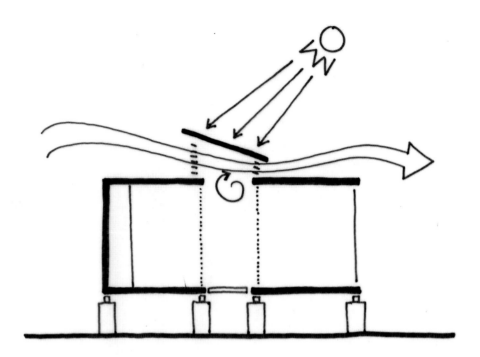

Perhaps this project begins to expose the importance of design as a tool to provide beauty and comfort with a very low budget in the 21st century, whilst using creativity to not only redefine a scrap material such a disused shipping container, but perhaps to even show that there are viable, low cost, passive alternatives of temperature control to adapt to a very intense tropical climate. Already this proposal has began to spark a great deal of interest and could become one alternative to solve the issue of disposing of disregarded shipping containers in developing countries, as well as begin to solve the large gap which first time buyers encounter when purchasing a home.

Quizás este proyecto sirva para mostrar la importancia que tiene el diseño como herramienta para proporcionar belleza y confort con un presupuesto muy bajo en el siglo XXI, a la vez que se emplea la creatividad no solo para redefinir un material desechado, como un contenedor abandonado, sino quizás para mostrar también que existen alternativas pasivas, de bajo coste y viables para controlar la temperatura y adaptarse a un clima tropical muy intenso. Esta propuesta ya ha empezado a despertar un gran interés y podría convertirse en una alternativa para resolver el problema del desecho de contenedores abandonados en los países desarrollados, así como solucionar el gran obstáculo con el que se encuentran los primeros compradores a la hora de adquirir una casa.

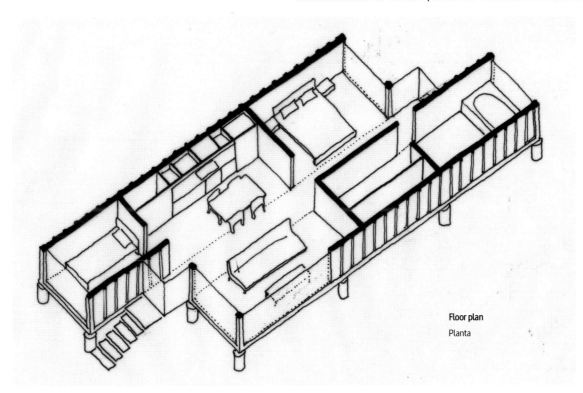

Floor plan

Planta

Decameron Showroom

Studio MK27

Containers: 6
Location / Localización: São Paulo, Brazil
Photos © Pedro Vannucchi
Text courtesy of Studio MK27
www.studiomk27.com

TO MAKE THE QUICK AND ECONOMIC CONSTRUCTION VIABLE, THE PROJECT WORKED WITH THE PREMISE OF A LIGHT OCCUPATION OF THE LOT, BASICALLY DONE WITH INDUSTRIAL ELEMENTS, WHICH COULD EASILY BE ASSEMBLED.

The showroom of the Decameron furniture store is located on a rented site in the furniture commercial alley in São Paulo. The space was constructed through a mixed solution, with maritime transport containers and a specifically designed structure. Despite the spatial limitation imposed by the pre-determined dimension of the containers, the piece has impressive structural attributes that makes piling them possible. Two stories of containers form tunnels where products are displayed side by side.

The ample span, necessary to show furniture in relation with each other, is constructed by a metallic structure. This space is closed, in front and in back, by double-height metal casements with alveolar polycarbonate. At the back of the lot, there is a patio filled with trees and a pebbled-ground.

PARA LLEVAR A CABO UNA CONSTRUCCIÓN RÁPIDA Y ECONÓMICA, EL PROYECTO SE REALIZÓ CON LA PREMISA DE OCUPAR POCO ESPACIO EN EL TERRENO, BÁSICAMENTE UTILIZANDO ELEMENTOS INDUSTRIALES QUE PUDIERAN MONTARSE FÁCILMENTE.

La sala de exposición de la tienda de muebles Decameron está ubicada en una zona de alquiler en una calle comercial de muebles en Sao Paulo. El espacio se construyó mediante una combinación de contenedores de transporte marítimo y una estructura especialmente diseñada. A pesar de las limitaciones del espacio impuestas por la dimensión predeterminada de los contenedores, la pieza tiene unos atributos estructurales impresionantes que hace que sea posible apilarlos. Dos pisos de contenedores forman unos túneles donde los productos están expuestos unos al lado de los otros.

Su amplio espacio, necesario para exponer los muebles en conjunto, se consigue gracias a su estructura metálica. Este espacio está delimitado por delante y por detrás por unos marcos metálicos de doble altura con policarbonato alveolar. En la parte trasera del terreno, hay un patio con árboles y suelo de grava.

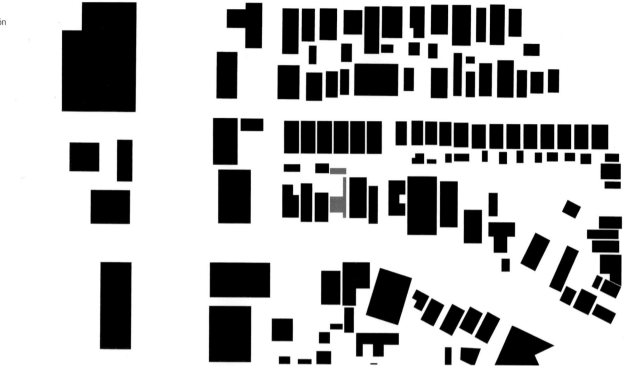

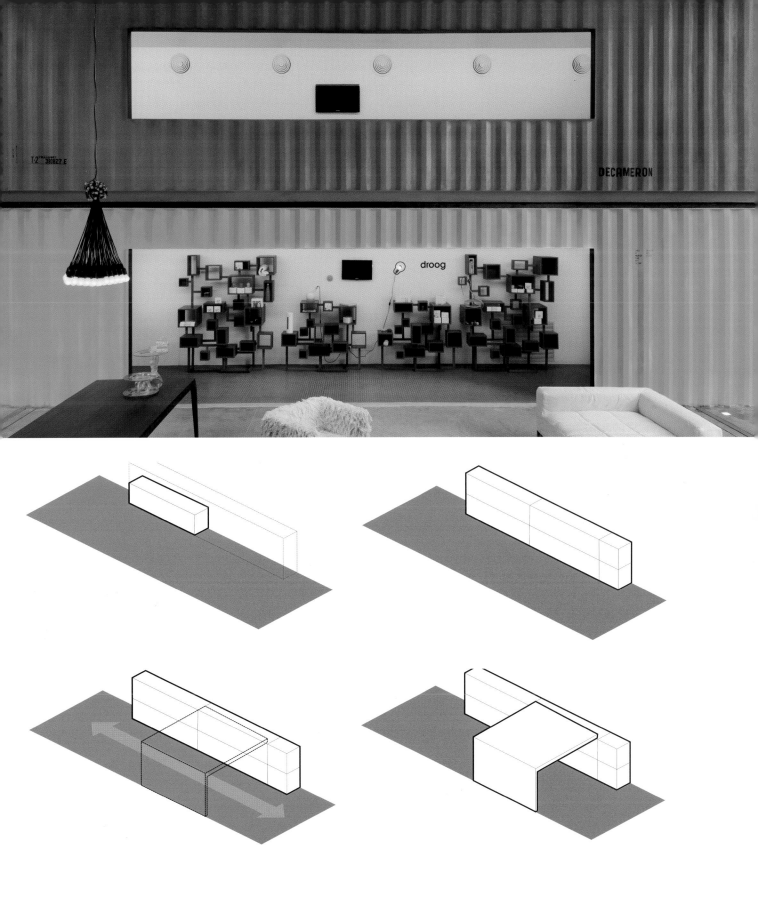

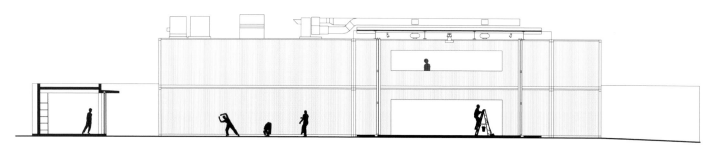

Longitudinal section

Sección longitudinal

0 1   5m

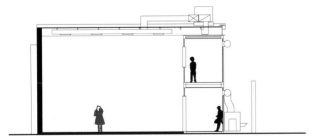

Cross section

Sección transversal

1   5m

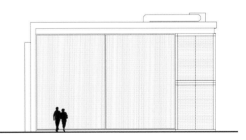

Elevation

Alzado

0   1   5m

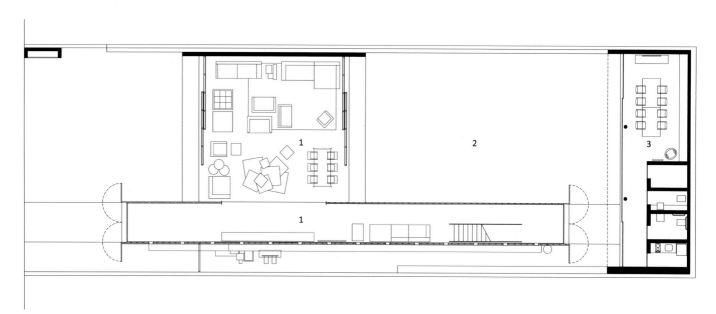

Ground floor plan

Planta baja

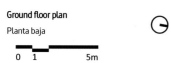

0   1   5m

Upper floor plan

Planta superior

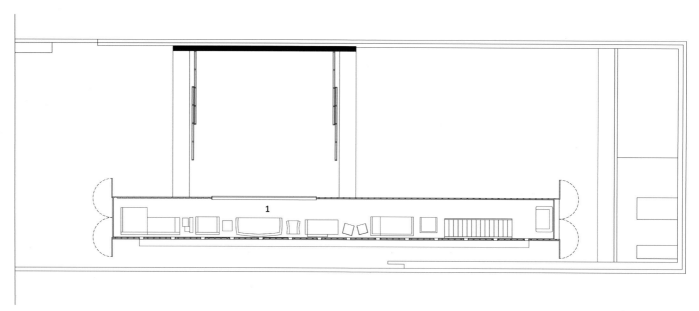

0   1   5m

When both doors are simultaneously opened, the whole store becomes integrated with its urban context. At rush stressful hours, by opening only the back doors, the store becomes self-absorbed, ruled by the presence of the inner-garden. On the back of the site is the office, closed by a glass wall that enables the designers to take part on the sales life. Two edges of the design process in contact through the inner patio as other opposing strengths also meet at this small project: The intensity of the urban life and a small nature retreat, the power of the containers and the lightness of the metallic structure and finally the linearity of the tunnels and the cubic volume.

Cuando las dos puertas están abiertas al mismo tiempo, toda la tienda se integra con el contexto urbano. En las estresantes horas puntas, solo con abrir las puertas traseras, la tienda se ve abstraída por la presencia del jardín interior. En la parte trasera del lugar se encuentra la oficina, cerrada por una pared de vidrio que permite a los diseñadores tomar parte en las ventas. Encontramos dos ventajas importantes en el proceso de diseño que entran en contacto a través del patio interior y otras fuerzas opuestas en este pequeño proyecto: la intensidad de la vida urbana frente al pequeño refugio natural, la fuerza de los contenedores frente a la ligereza de la estructura metálica y, por último, la linealidad de los túneles frente al volumen cúbico.

Refugio en Huentelauquen

Pablo Errázuriz

Containers: 1
Location / Localización: Huentelauquén, IV Región, Chile
Photos © Pablo Errázuriz
Text courtesy of Pablo Errázuriz
www.pabloerrazuriz.cl

THE CHALLENGE WAS TO DESIGN A SHOESTRING BUDGET SPACE WHERE THEY COULD SPEND SHORT PERIODS OF HOLIDAYS. IT SHOULD ALSO BE SAFE AND HAVE AN EASY MAINTENANCE.

Located 260 km north of Santiago. Due to the site conditions: inclemency, distance from urban centers, wind, no electricity or water, we thought using a "container" (container 20 ") which should be completely prefabricated and set up at the workshop located in Santiago de Chile. The container also fulfilled the security conditions and easy maintenance required in the order. Only the construction works (stone walls, tower, courtyards, facilities) were build "in situ". The program basically consists of three elements, these are:
Container; reconditioned container, coated on the outside with rusted steel plates (weathering steel) and in the inside (walls and ceilings) with slotted MDF white painted boards. Inside you will find the "basic" facilities, bathroom and kitchen. In the outside, a large wooden deck terrace has been projected and right over this terrace a metallic structure of the same container's dimensions (6.0 x 2.4 m). A PVC roof and wall will be built over this structure.

EL DESAFÍO FUE DISEÑAR UN ESPACIO CON PRESUPUESTO MUY REDUCIDO EN DONDE SE PUDIESEN PASAR TEMPORADAS CORTAS DE VACACIONES. TAMBIÉN DEBÍA SER SEGURO Y DE FÁCIL MANTENCIÓN.

Ubicado a 260 kms al norte de Santiago. Debido a las condiciones del lugar; inclemencia, lejanía de centros urbanos, viento, sin luz ni agua, se pensó en utilizar un "contenedor" (container de 20") el cual debía ser completamente prefabricado y habilitado en taller en Santiago de Chile. El container también cumplía con las condiciones de seguridad y fácil mantención que requería el encargo. Sólo las obras civiles (muros piedra, torre, patios, instalaciones) se hicieron "in situ". El programa consta básicamente de 3 elementos, estos son; Container; contenedor reacondicionado, se revistió por el exterior con una piel de planchas de acero oxidado (acero corten) y por su interior (muros y cielos) con placas de MDF ranurado y pintado blanco .en su interior alberga los sevicios "básicos", baño y cocina. Hacia el exterior se proyecta una gran terraza deck de madera y sobre ésta una estructura metálica de las mismas dimensiones del container (6.0 x 2.4 mts), sobre la estructura se instala un techo y muro de lona de PVC.

Canopy courtyards; courtyards bordered by low height stone walls containing river sand, these are joined together by gravel paths.
Water Tower; serves the purpose as larder and "engine room" on the first level, bedroom on the second level and water pond on 3rd.

Patios de Carpas; patios delimitados por muros de piedra de baja altura que contienen arena de río, éstos se unen entre sí a través de senderos de gravilla.
Torre de Agua; cumple la función de bodega y "sala de máquinas" en el primer nivel, dormitorio en el segundo nivel y estanque de agua en el 3°.

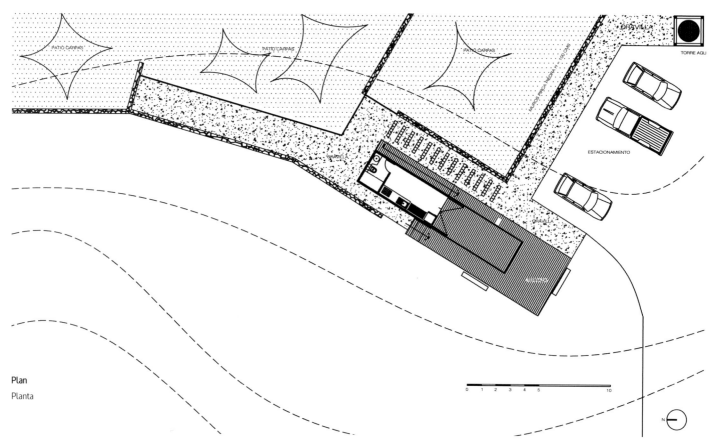

Plan

Planta

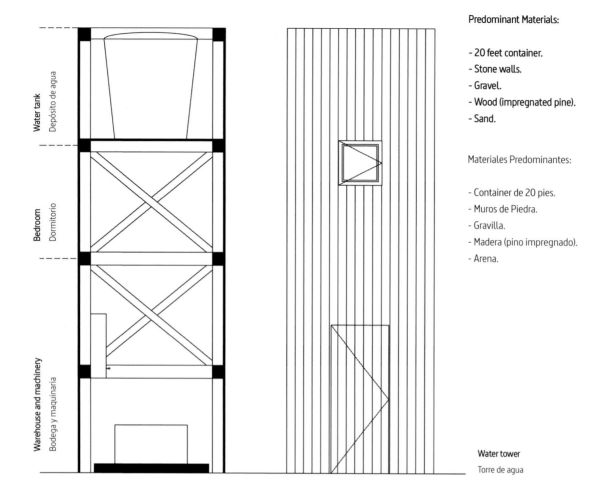

Water tank
Depósito de agua

Bedroom
Dormitorio

Warehouse and machinery
Bodega y maquinaria

Predominant Materials:

- 20 feet container.
- Stone walls.
- Gravel.
- Wood (impregnated pine).
- Sand.

Materiales Predominantes:

- Container de 20 pies.
- Muros de Piedra.
- Gravilla.
- Madera (pino impregnado).
- Arena.

Water tower

Torre de agua

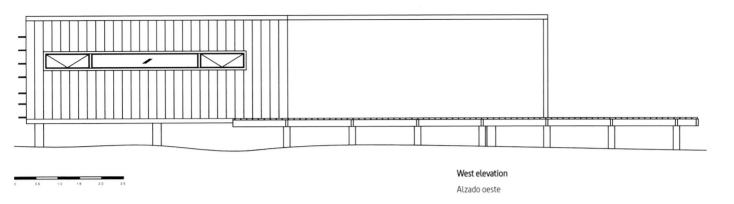

West elevation

Alzado oeste

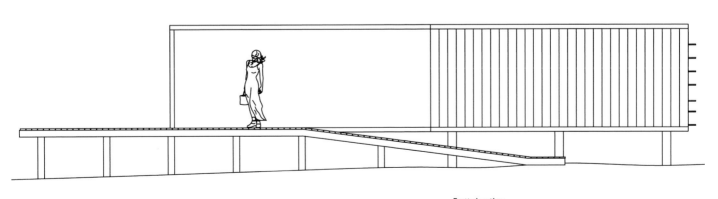

Eastt elevation

Alzado este

Maison en région Lilloise

Patrick Partouche Architecte dplg - Lin Tanke Architecte dplg

Containers: 8
Location / Localización: Lille, France
Photos © Patrick Partouche
Text courtesy of Patrick Partouche
www.partouche-architecte.blogspot.com.es

THE HOUSE IS BUILT FROM EIGHT MARITIME CONTAINERS, RECYCLED AND REHABILITATED, WHICH HAVE BEEN SHIPPED BY TRUCK AND ASSEMBLED ONSITE USING A CRANE.

The installation took three days: during the first day foundations were prepared, the second day the ground floor and the last one, the roof. The project has a surface area of 240m² divided into 2 levels and incorporates a sanitary forging on which sit the containers. The exterior design conforms to the local regulations, as well as the conditions of the terrain and the plot. The interior has been created to clients like: contemporary industrial style. They have chosen noble and raw materials: steel galvanized, painted or lacquered, varnish, aluminium, wood, polycarbonate, glass and other industrial materials; having created the decorative elements with remains of recycled containers.

Numerous and large windows provide natural light into the interior spaces: on the ground floor the living room, kitchen, garage, toilet and laundry. Upstairs three bedrooms, an office, a bathroom, a toilet and a fourth room (to be finished by the customer) are located.

LA CASA ESTÁ CONSTRUIDA A PARTIR DE OCHO CONTENEDORES MARÍTIMOS RECICLADOS Y REHABILITADOS QUE HAN SIDO TRANSPORTADOS EN CAMIÓN Y MONTADOS EN EL LUGAR UTILIZANDO UNA GRÚA.

La instalación se realizó en tres días: durante el primero se prepararon los cimientos, el segundo día se montó la planta baja y el tercero, el nivel superior y la cubierta. El proyecto dispone de una superficie de 240m² dividida en dos niveles e incorpora un forjado sanitario sobre el que se asientan los contenedores. El diseño exterior se ajusta a la normativa local, así como las condiciones del terreno y de la parcela. El interior ha sido creado a gusto de los clientes: estilo industrial contemporáneo. Se han elegido materiales nobles y en crudo: acero pintado, galvanizado o lacado, barniz, aluminio, madera, policarbonato, vidrio y otros materiales industriales; habiéndose creado los elementos decorativos con restos de contenedores reciclados.

Grandes y numerosas ventanas proporcionan luz natural en los espacios interiores: en la planta baja la sala de estar, cocina, garaje, aseo y lavadero. En la planta superior se ubican tres dormitorios, un despacho, un baño, un aseo y una cuarta habitación a terminar por el cliente.

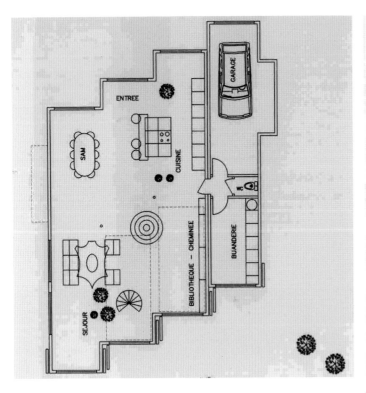

Ground floor plan

Planta baja

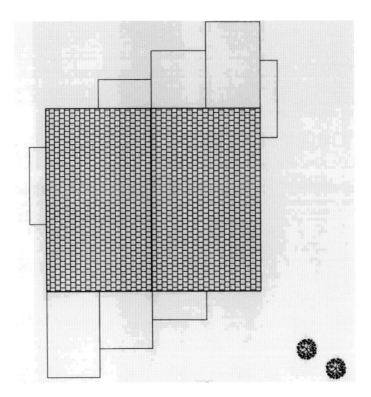

First floor plan

Planta primera

Roof floor plan

Planta tejado

Customers demonstrated commitment and concern for the environment and helped design this house, together with the professionalism and experience of the companies that performed it. The energy and acoustic performance is really remarkable. The construction system, depending on the future availability, improves the classification of high-energy performance (HPE) to very high-energy efficiency (THPE), to establish the House as a building of low consumption (BBC).

Los clientes demostraron un gran compromiso y preocupación por el medio ambiente, y ayudaron en el diseño de la casa junto con la profesionalidad y experiencia de las empresas que la ejecutaron. La energía y el rendimiento acústico son realmente notables, y el sistema de construcción, dependiendo de la disponibilidad futura, mejorará la clasificación de rendimiento y eficiencia de alta energía (HPE) a muy alta energía (THPE), para establecer esta casa como un edificio de bajo consumo (BBC).

Red brick structure metallized
Estructura de ladrillo rojo metalizado

Roof as a checkerboard made with 50% Terracotta red color tile shingles and 50% empty
Cubierta a modo de damero compuesto por un 50% de tejas rojas de terracota y el 50% sin nada

North Fácade brick red shutters metallics - South facade shutters of aluminum color
Fachada norte de ladrillo rojo con postigos - Fachada sur con persianas de color aluminio

Joinery aluminum color
Carpintería de color aluminio

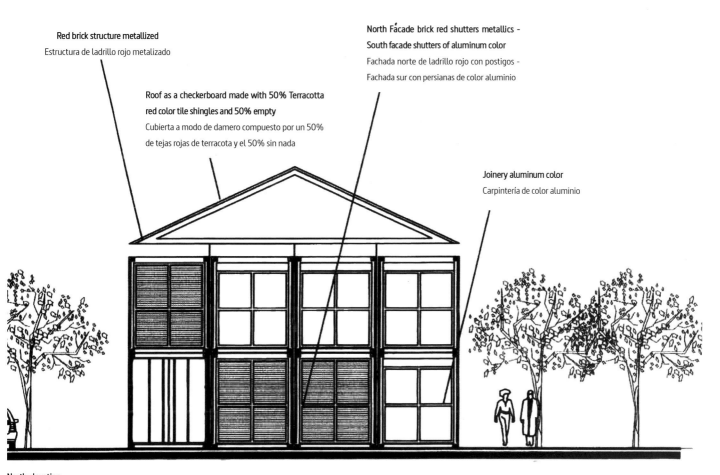

North elevation
Alzado norte

Red brick structure metallized
Estructura de ladrillo rojo metalizado

Roof as a checkerboard made with 50% Terracotta
red color tile shingles and 50% empty
Cubierta a modo de damero compuesto por un
50% de tejas rojas de terracota y el 50% sin nada

Terracotta shingles, red color ebony
Tejas de terracota, ébano Color rojo

North Facade brick red shutters metallics –
South facade shutters of aluminum color
Fachada norte de ladrillo rojo con postigos –
Fachada sur con persianas de color aluminio

Red brick siding metallized
Revestimiento de ladrillo rojo metalizado

Red brick siding metallized
Revestimiento de ladrillo rojo metalizado

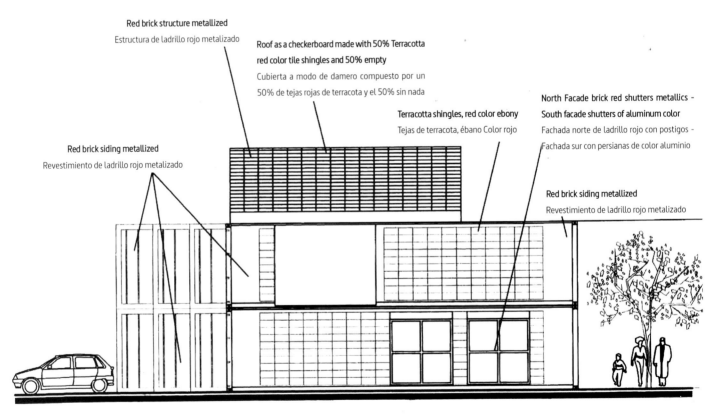

West elevation
Alzado oeste

House on the ridge

STUDIO H:T ARCHITECTURE

CONTAINERS: 2
LOCATION / LOCALIZACIÓN: NEDERLAND, COLORADO, USA
PHOTOS © BRADEN GUMEN
TEXT © STUDIO H:T ARCHITECTURE
WWW.STUDIOHT.COM

THE WEDGE SHAPED RESIDENCE BECOMES A VIEWFINDER AND A LINK BETWEEN A NATURALLY SCULPTED ROCK OUTCROPPING AND A DISTANT STONE RIDGE.

The connection is manifested between two scales: one of touch and texture, the other of vastness and weight. Understood spatially, the massive distant ridge is to the outcropping as a ripple in a pond is to the stone that creates it. The project speaks to this- outcropping and ridge, as origin and echo. The 1500 square foot residence is an exercise in reducing the average American home size while implementing environmentally sensitive strategies including recycled materials, passive cooling, green roofs and photovoltaic. The residence is anchored by an existing rock outcropping and takes full advantage of the distant ridge views to the south. The main floor includes two shipping containers that saddlebag a wedge shaped space. The containers hold the function of bedrooms, bath, office, laundry and kitchen while the centre space is used for entry, dining and living.

ESTA RESIDENCIA EN FORMA DE CUÑA SE CONVIERTE EN UN MIRADOR Y UN VÍNCULO ENTRE UN AFLORAMIENTO DE ROCA ESCULPIDA POR LA NATURALEZA Y UNA LEJANA CRESTA DE PIEDRA.

La conexión se manifiesta entre dos escalas: una la del tacto y las texturas, y la otra la de la amplitud y la pesadez. Espacialmente, la masiva y distante cresta representa el afloramiento rocoso, como la onda que crea una piedra en el agua del estanque. Así, el proyecto simboliza el vínculo entre afloramiento (origen) y cresta (eco). La vivienda, de 140 metros cuadrados, es un ejercicio en la reducción del tamaño promedio de las casas americanas, aplicando a su vez estrategias ambientalmente sensibles que incluyen materiales reciclados, refrigeración pasiva, cubiertas vegetales y energía fotovoltaica. La residencia queda anclada en el afloramiento rocoso y consigue así unas extraordinarias vistas hacia el sur. La planta principal consta de dos contenedores que componen el espacio en forma de cuña. Los contenedores tienen la función de dormitorio, baño, oficina, lavandería y cocina, mientras que el espacio intersticial se utiliza para la entrada, comedor y estar.

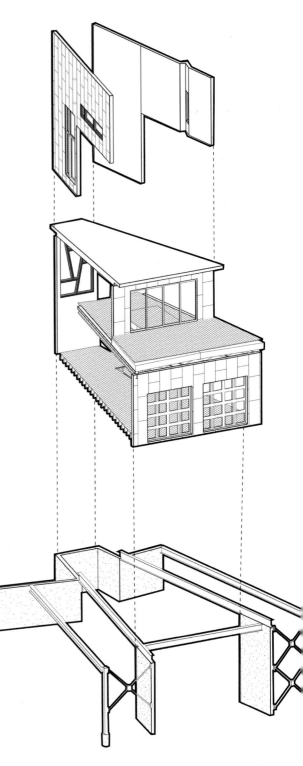

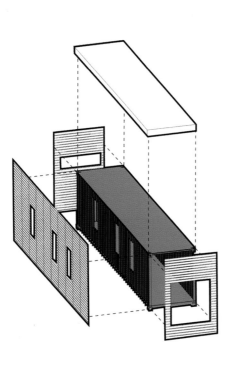

Exploded view

Vista explotafa

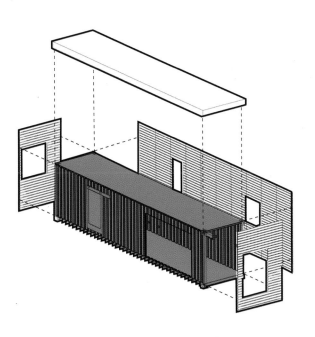

Detail of the enclosure

Detalle del cerramiento

Ground floor plan

Planta baja

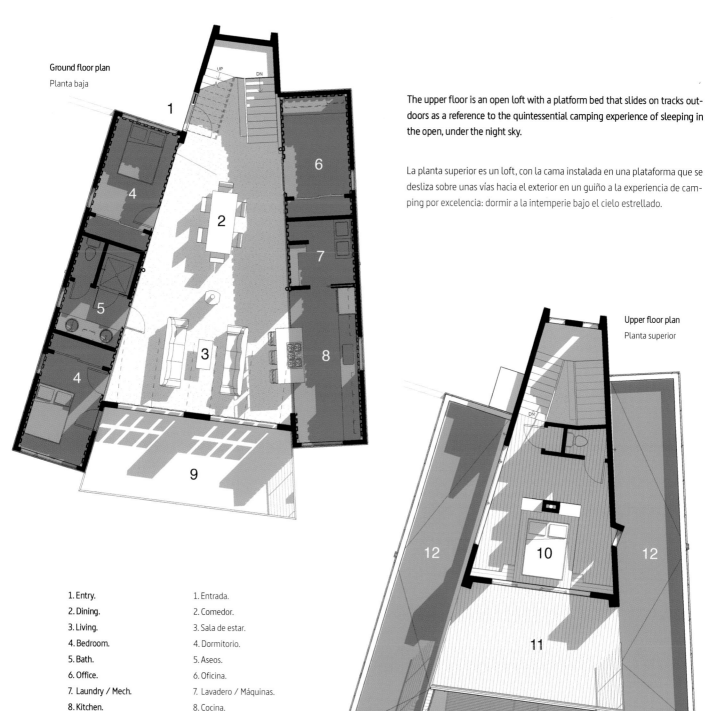

The upper floor is an open loft with a platform bed that slides on tracks outdoors as a reference to the quintessential camping experience of sleeping in the open, under the night sky.

La planta superior es un loft, con la cama instalada en una plataforma que se desliza sobre unas vías hacia el exterior en un guiño a la experiencia de camping por excelencia: dormir a la intemperie bajo el cielo estrellado.

Upper floor plan

Planta superior

1. Entry.	1. Entrada.
2. Dining.	2. Comedor.
3. Living.	3. Sala de estar.
4. Bedroom.	4. Dormitorio.
5. Bath.	5. Aseos.
6. Office.	6. Oficina.
7. Laundry / Mech.	7. Lavadero / Máquinas.
8. Kitchen.	8. Cocina.
9. Deck.	9. Terraza.
10. Loft.	10. Loft.
11. Deck with Pullout Bed.	11. Terraza con tumbonas.
12. Green Roof.	12. Cubierta verde.

Two-Tree house

GOLANY ARCHITECTS

CONTAINERS: 2
LOCATION / LOCALIZACIÓN: JERUSALEM, ISRAEL
PHOTOS © YARON GOLANY
TEXT © GOLANY ARCHITECTS
WWW.GOLANYARCHITECTS.COM

TWO-TREE HOUSE WAS DESIGNED BY TEL-AVIV BASED PRACTICE GOLANY ARCHITECTS. THE HOUSE IS CONSTRUCTED AMONG MATURE JERUSALEM PINE TREES. TWO OF THE TREES HAVE GROWN IN THE EXACT PLACE WHERE THE HOUSE WAS TO BE LOCATED.

The site was tight, and this led to the decision to integrate the two trees within the perimeter of the house. Preserving and rendering the mature trees as part of the house required attention and care. It was a daring decision that resulted in a house with a special ambiance. The house, which now appears to have grown there, actually began as a recycled shipping container. It was constructed by applying prefabrication wherever possible, with all the interior finishes, insulation and structure completed off-site. It was brought to the site fully prepared to serve as a dwelling. The timber cladding, light roof over steel ceiling, stone work, and decks were designed in advance, and were complimented by works on site, after the house was inhabited.

LA CASA TWO-TREE HOUSE HA SIDO DISEÑADA POR LOS ARQUITECTOS GOLANY ARCHITECTS, CUYA SEDE ESTÁ EN TEL-AVIV, Y ESTÁ CONSTRUIDA ENTRE UN CONJUNTO DE PINOS ADULTOS EN JERUSALÉN. DOS DE ESOS ÁRBOLES HAN CRECIDO EN EL LUGAR EXACTO DONDE SE IBA A UBICAR LA CASA.

El lugar era estrecho, lo que llevó a tomar la decisión de integrar los dos árboles dentro del perímetro de la casa. Conservar y utilizar los árboles adultos como parte de la vivienda requirió atención y cuidado. Fue una decisión osada que dio como resultado una casa con un ambiente especial. La casa, que ahora parece que se ha desarrollado allí mismo, empezó siendo un contenedor reciclado. Su construcción está basada en aplicar elementos prefabricados en todas las partes posibles y los acabados interiores, el aislamiento y la estructura se terminaron fuera de obra. La casa se transportó al terreno ya totalmente preparada para servir de vivienda. El revestimiento de madera, el tejado ligero sobre el techo de acero, la mampostería y la cubierta se diseñaron de antemano y se terminaron en el lugar de la obra, después de que la casa se habitará.

Prefabrication was chosen to achieve the tight timeframe and budget, but also as part of the strategy to preserve the trees. With the local construction practice, which is typically heavy masonry construction, it would be impossible to save and preserve the trees. The pines not only lend desirability to this unique house but also serve as a natural source of air-conditioning. Their shade also protects the timber from the harsh sun.

Se escogió la prefabricación para cumplir con un tiempo y un presupuesto ajustados, pero también como parte de la estrategia de conservar los árboles. Mediante las prácticas de construcción local, caracterizadas por la mampostería pesada, hubiera sido imposible salvar y preservar los árboles. Los pinos no solo aportan atractivo a esta casa única, sino que sirven también como una fuente natural de ventilación. Además, su sombra protege la madera del sol abrasador.

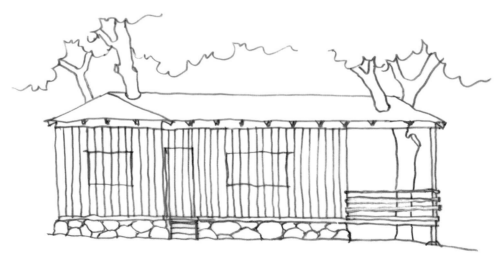

The pine trees were examined as part of the design process. Their continued growth is monitored and responded to, which results in a house that is a living structure.

Los pinos fueron estudiados como parte del proceso de diseño. Su crecimiento continuo está controlado y se actúa en consecuencia, lo cual hace que esta vivienda sea una estructura viva.

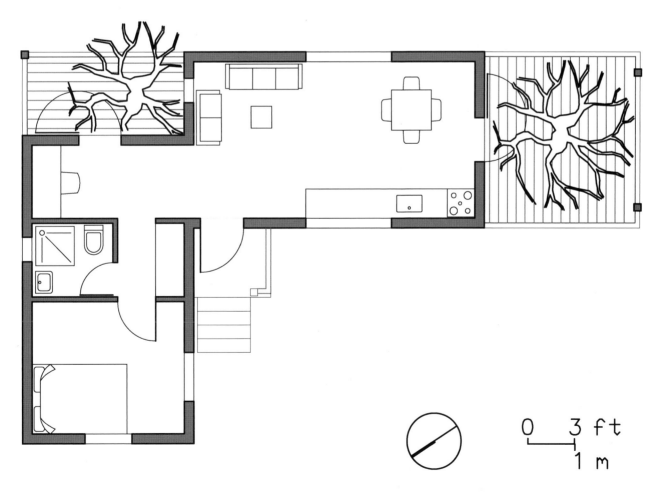